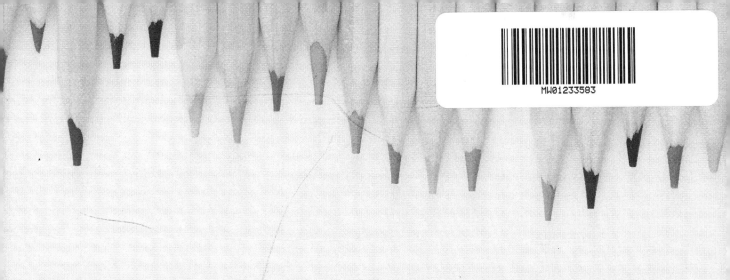

DREAM ★ PLAN ★ DESIGN
LIFE JOURNAL

LA MEJOR MANERA
DE PREDECIR EL
FUTURO
ES DISEÑÁNDOLO

Lizzie Santiago YOURBEST U

YOURBEST U

IMPROVING & EMPOWERING LIVES

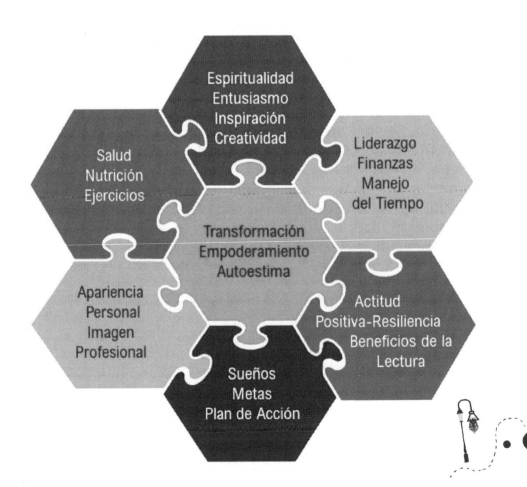

¡Te felicito, por querer más de la vida!
Gracias, por confiar en mí.

*Comparto contigo que tratar de ser
"mi mejor yo", es una misión diaria. En mi
niñez no era la más popular, mucho menos
la más bonita, sin embargo, siempre me
propuse alcanzar mis metas. En el proceso
descubrí que lucir una buena imagen me daba
seguridad, ayudándome a tener resultados
positivos.*

*Disfruto compartir lo que he aprendido. Por esto "YOURBEST U"
te brinda herramientas divertidas y sencillas para maximizar tu
potencial en todas las áreas de tu vida.*

*En el Proyecto Vida Exitosa vamos a guiarte en la primera fase del
diseño de tu nuevo estilo de vida que incluye:
Sueños, Metas y un Plan de Acción.*

En el proceso contestaras 3 preguntas:

¿Dónde Estoy? ¿Qué deseo? ¿Cómo lo logro?

*Utilizaremos herramientas para AFILAR 7 pilares fundamentales
para el ÉXITO:*

*Salud, Actitud, Finanzas, Intelecto,
Liderazgo, Apariencia y Resultados.*

La mayor satisfacción en la vida es alcanzar nuestros sueños.
¡Eres una persona única!

*Mientras vas añadiendo conocimiento en esta aventura, aprenderás
cosas emocionantes y descubrirás una nueva TÚ.*

El entusiasmo y la energía te llevarán a lugares jamás soñados.

TU MEJOR TU…Espera dentro de TI.

Lizzie Santiago

PROYECTO VIDA EXITOSA

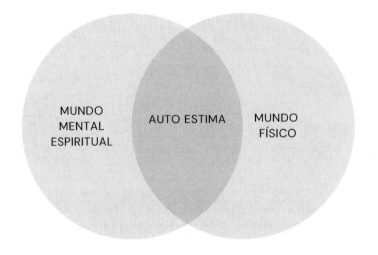

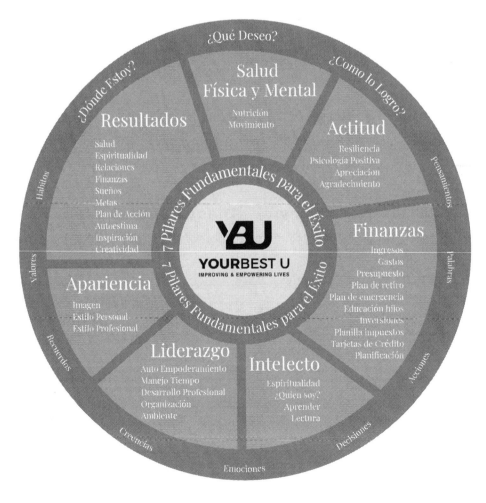

¿Dónde Estoy?

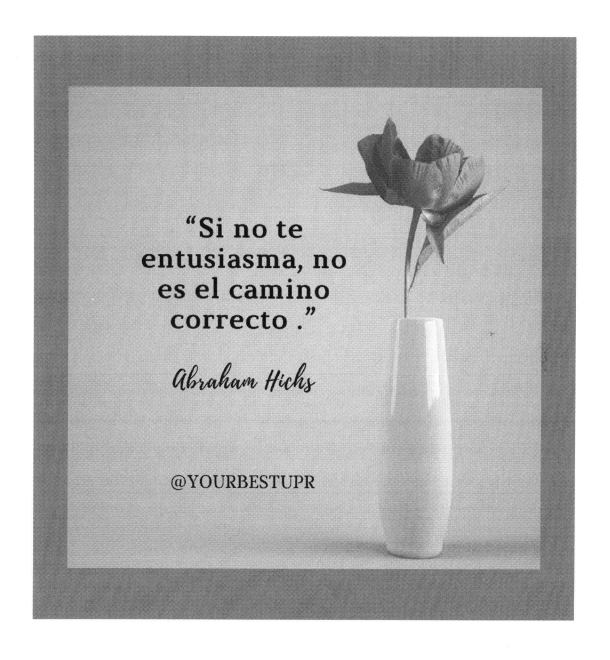

"Si no te entusiasma, no es el camino correcto ."

Abraham Hichs

@YOURBESTUPR

¿Dónde Estoy?

Estado de Felicidad

Muy feliz
Bastante feliz
No muy feliz
Nada feliz

Satisfacción con la Vida

¿Cuán satisfecha estás con tu vida en este momento?

1 significa que usted está "completamente insatisfecho"
10 significa que usted está "completamente satisfecho"

1 ←————————————————————→ 10

Afectos positivos y negativos

Durante las últimas semanas, ¿Te has sentido...

...particularmente emocionada o interesada en algo? SI NO

...alguna vez tan inquieta que no puedes quedarte en la silla? SI NO

...orgullosa porque alguien te felicitó por algo que hiciste? SI NO

...muy sola o distanciada de otra gente? SI NO

...contenta por haber logrado algo? SI NO

...aburrida? SI NO

...en la cima del mundo? SI NO

...depresiva o muy infeliz? SI NO

...que las cosas salieron a tu manera?

...molesta porque alguien te critica?

Espiritualidad

¿Tienes la certeza que DIOS, la fuente creadora fluye dentro de ti, independientemente de cómo te sientes? SI NO ¿Estás de acuerdo que DIOS es la fuente es amor? SI NO ¿Sientes el amor de DIOS? SI NO ¿Sabes que toda gira a tu favor y que eres el centro de atracción del creador? SI NO ¿Tienes el hábito de apreciar (valorar y dar gracias)? SI NO

1 significa que usted está "completamente insatisfecho"
10 significa que usted está "completamente satisfecho"

1 ————————————————————————— 10

1	6
2	7
3	8
4	9
5	10

Salud Física/Mental

 ¿Estás en tu peso ideal? SI NO ¿Haces ejercicios consistentemente? SI NO ¿Bebes agua y comes saludablemente? SI NO ¿Fumas, bebes en exceso? SI NO ¿Tienes dolencias, enfermedades? SI NO ¿Eres responsable con tus exámenes físicos? SI NO ¿Te sientes en óptimas condiciones? SI NO ¿Tienes pensamientos positivos constantes? SI NO

1 significa que usted está "completamente insatisfecho"
10 significa que usted está "completamente satisfecho"

1   10

1   **6**

2   **7**

3   **8**

4   **9**

5   **10**

Relaciones

¿Tienes una buena relación de pareja? SI NO ¿Tu relación con tus hijos/padres? SI NO ¿Familiares, amigos, vecinos? SI NO ¿Compañeros de trabajo? SI NO ¿Conocidos, no conocidos? SI NO ¿Respetas a todo ser humano? SI NO

1 significa que usted está "completamente insatisfecho"
10 significa que usted está "completamente satisfecho"

1 ←——————————————————→ 10

1	6
2	7
3	8
4	9
5	10

Finanzas

¿Te apasiona tu trabajo?   SI   NO   ¿Estas ganando la cantidad de dinero que deseas?   SI   NO   ¿Tienes ahorros, fondos de retiro y de emergencias?   SI   NO ¿Puedes irte de viajes cuando y donde quieres?   SI   NO   ¿Tienes suficiente para donar, diezmar, ayudar a alguien?   SI   NO   ¿Puedes pagar la educación de tus hijos?   SI   NO   ¿ Tienes hogar propio? SI NO ¿Manejas el auto de tus sueños?   SI   NO   ¿Puedes balancear tu tiempo?   SI   NO ¿Conoces tu propósito en esta vida? SI NO

1 significa que usted está "completamente insatisfecho"
10 significa que usted está "completamente satisfecho"

1 ⟷ 10

1	**6**
2	**7**
3	**8**
4	**9**
5	**10**

¿Qué Deseo?

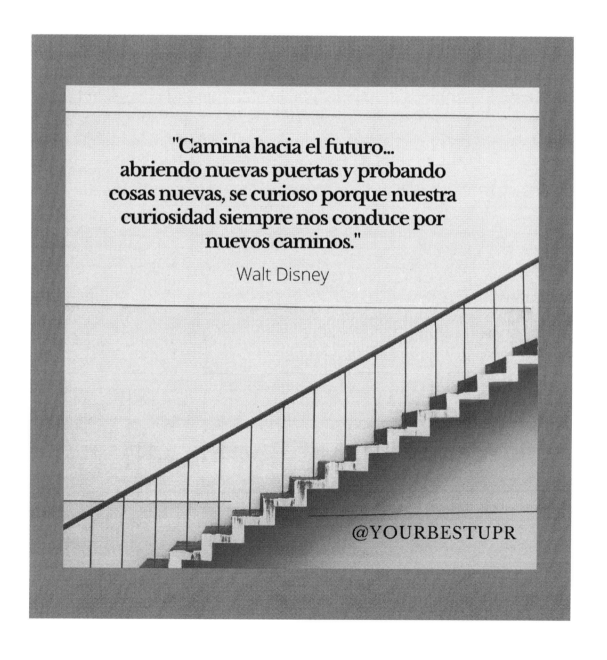

"Camina hacia el futuro...
abriendo nuevas puertas y probando
cosas nuevas, se curioso porque nuestra
curiosidad siempre nos conduce por
nuevos caminos."

Walt Disney

@YOURBESTUPR

¿COMO TE FUE EL ANO PASADO?

6 MEJORES SUCESOS

1	2	3
4	5	6

¿COMO TE FUE EL AÑO PASADO?

3 lecciones de vida/crecimiento personal	3 cosas que debo hacer menos para el próximo año
3 cosas que debo hacer mas para el próximo año	3 cosas que debo parar o cancelar para el próximo año

GRATITUD

3 COSAS BUENAS DE TU HOGAR

3 PERSONAS QUE ADMIRAS

3 COSAS BUENAS DE TU TRABAJO

Lista de todas las cosas que agradezco:

Haz una lista de tus Sueños

dream

NO IMPORTA
LO RIDÍCULO QUE SUENE

hope

believe

Espiritualidad	Relaciones

Salud Física y Mental	Finanzas

Diseña Metas
-que sí-
puedas cumplir

1.
Sé realista,
traza objetivos
viables

2.
Escribe lo
que quieres
realizar

3.
Detalla
todas tus
metas

4.
Cuantifica
para medir
tu
progreso

5.
Pon un
tiempo límite

6.
Diseña un
plan

7.
Evalúa
la ruta
que
sigues

8.
Prémiate
en cada
etapa

Escribe tu lista de Metas

¿Que? ¿Como? ¿Donde? ¿Cuándo?

Espíritual

Salud

Relaciones

Finanzas

EVALUACIÓN PARA EL CAMBIO

¿QUÉ QUIERO CAMBIAR?	
¿QUÉ BENEFICIOS TENDRÉ?	
¿QUÉ PASARÁ SI NO CAMBIO?	
¿QUIEN ME PODRÁ AYUDAR?	
¿QUÉ CAMBIOS TENGO QUE HACER?	
¿CUÁNDO VOY HACER ESTOS CAMBIOS?	

¿Como lo Logro?

Mes 1

"Camina con la certeza de saber, que cada paso que das, estás más cerca de alcanzar aquello que una vez fue sólo un sueño."

@Lizzie Santiago-YourBest U Club

Metas para este mes:

_____

- - - - - - - - - - - - - - - - - - -

_____

_____

- - - - - - - - - - - - - - - - - - -

_____

- - - - - - - - - - - - - - - - - - -

¿Qué acciones tomare ?:

_____

- - - - - - - - - - - - - - - - - - -

_____

_____

- - - - - - - - - - - - - - - - - - -

_____

_____

- - - - - - - - - - - - - - - - - - -

_____

Hoy es un día maravilloso

FECHA:

YO APRECIO :

- .
- .
- .
- .
- .

TAREAS HOY:

-
-
-
-
-
-

! URGENTE !

ESTA SEMANA VOY A:

- leer ☐
- meditar ☐
- beber agua ☐
- comer vegetales ☐
- comer frutas ☐
- beber jugo Verde ☐
- tomar suplementos ☐
- hacer ejercicios ☐
- aprender ☐

METAS PLAN

SALUD	ESPIRITUAL	FINANZAS	RELACIONES

Esta Semana

TAREA	D	L	K	M	J	V	S
_____	○	○	○	◯	○	○	○
_____	○	○	○	○	○	○	○
_____	○	○	○	○	○	○	○
_____	○	○	○	○	○	○	○
_____	○	○	○	○	○	○	○
_____	○	○	○	○	○	○	○
_____	○	○	○	○	○	○	○
_____	○	○	○	○	○	○	○
_____	○	○	○	○	○	○	○
_____	○	○	○	○	○	○	○
_____	○	○	○	○	○	○	○
_____	○	○	○	○	○	○	○

NOTAS

Mis Planes y Visualizaciones

Hoy es un día maravilloso

FECHA:

YO APRECIO :

-
-
-
-
-

TAREAS HOY:

- [ ]
- [ ]
- [ ]
- [ ]
- [ ]
- [ ]

! URGENTE !

ESTA SEMANA VOY A:

leer ☐
meditar ☐
beber agua ☐
comer vegetales ☐
comer frutas ☐
beber jugo Verde ☐
tomar suplementos ☐
hacer ejercicios ☐
aprender ☐

METAS PLAN	SALUD	ESPIRITUAL	FINANZAS	RELACIONES

Esta Semana

TAREA	D	L	K	M	J	V	S
_____	○	○	○	◯	○	○	○
_____	○	○	○	○	○	○	○
_____	○	○	○	○	○	○	○
_____	○	○	○	○	○	○	○
_____	○	○	○	○	○	○	○
_____	○	○	○	○	○	○	○
_____	○	○	○	○	○	○	○
_____	○	○	○	○	○	○	○
_____	○	○	○	○	○	○	○
_____	○	○	○	○	○	○	○
_____	○	○	○	○	○	○	○
_____	○	○	○	○	○	○	○

NOTAS

Rueda de Enfoque

Rueda de Enfoque
El proceso de la rueda de enfoque fue presentado por Abraham-Hicks. El propósito es cambiar tu frecuencia sobre un tema que te molesta para que inmediatamente puedas sentirte mejor. Para manifestar lo que deseas debes estar alerta a las emociones negativas.

A lo largo de los años he hecho muchas ruedas de enfoque con éxito. Me ha hecho sentir mejor sobre las cosas que me molestaban, me alineé mejor con mis metas y también eliminé muchas las manifestaciones físicas no deseadas.

"¿Cómo te sientes acerca de esas cosas a las que estás prestando la mayor parte de tu atención? Si hay algo en tu vida que te dé emoción negativa casi cada vez que lo pienses, haríamos cualquier cosa que pudiéramos hacer para sacar esa cosa negativa de nuestra conciencia". Abraham Hicks

Identifique su punto de atracción De acuerdo con la Ley de Atracción, lo que sientes acerca de un tema es tu punto de atracción. Por ejemplo, si estás soltera y por lo general te sientes "decepcionada" por los resultados de tus relaciones, La ley de atracción atraerá a más parejas que también te harán sentir decepcionado (u otras emociones similares en frecuencia).

"Limpiar" esa vibración a través de una rueda de enfoque le dará un resultado diferente.
En primer lugar, identifique lo que *no desea*. Por ejemplo, podrías pensar por ti mismo:
1.   No quiero sentirme decepcionada por las relaciones.
2.   No quiero sentirme enojada con mi amigo.
3.   No quiero sentirme culpable por despedir a mi empleado.
4.   No quiero tener un auto roto.

Después de haber decidido lo que no quieres, ahora puedes identificar
fácilmente lo que *quieres*:
1.   Quiero estar complacido con mis relaciones.
2.   Quiero perdonar a mi amigo.
3.   Quiero estar en alineación con despedir a mi empleado.
4.   Quiero un auto nuevo y confiable.

Anote la declaración "Lo que quiero" en el medio de la rueda.
Ahora necesitas ponerte "en la rueda" — necesitas encontrar una declaración que sea verdadera sobre ti y que ya coincida con lo que está en el centro de la rueda.

Piense en sí mismo como un *abogado tratando* de convencer a un jurado de que la declaración en el centro de la rueda ya es cierta. Así que alguien que espera una mejor relación podría decir:
"Disfruto conociendo gente nueva"O"Tuve buenas relaciones".
Si esta afirmación es verdadera y coincide con lo que hay en el centro de la rueda y te hace sentir mejor, incluso ligeramente, escríbela en la primera posición de la rueda. Si la declaración no te hace sentir bien, sigue buscando. No trates de dar un gran salto demasiado pronto. Por ejemplo, no escribas "¡Estoy listo para tener una relación increíble!" porque hablando vibracionalmente, no lo estás. Usted tiene que trabajar su camino hasta ese punto y eso es lo que la rueda de enfoque le ayuda a hacer.

Encontrar la primera declaración suele ser la parte más difícil. Incluso puede parecer trivial y te hace sentir sólo un poco mejor. Pero esto es lo que va a suceder: la Ley de Atracción comenzará a dar más pensamientos o declaraciones con una vibración similar o más alta. A medida que continúe, recogerá impulso, las declaraciones mejorarán y aumentarán, y de repente tendrá acceso a pensamientos e ideas que no podría haber considerado antes de comenzar esta rueda de enfoque.

A menudo, las mejores ideas vienen hacia el final de la rueda de enfoque. De repente, un pensamiento te golpeará. Tendrás un maravilloso momento "¡Ajá!"—o incluso unos pocos— que marcará una gran diferencia.

¡Es muy importante no tomar un descanso cuando se hace una rueda de enfoque - se llama una rueda de "enfoque" por una razón! La idea es combinar el poder de tu enfoque con la Ley de Atracción. Estar distraído por otras personas o por un teléfono sonando simplemente no tendrá el mismo efecto.

Ayer

¿Como fue mi día ayer? ¿Puedo observar algún momento de pensamiento, palabras o acciones negativas?

Sí ☐   No ☐

Haré una Rueda de Enfoque y me sentiré mejor.
¡Un día a la VEZ!

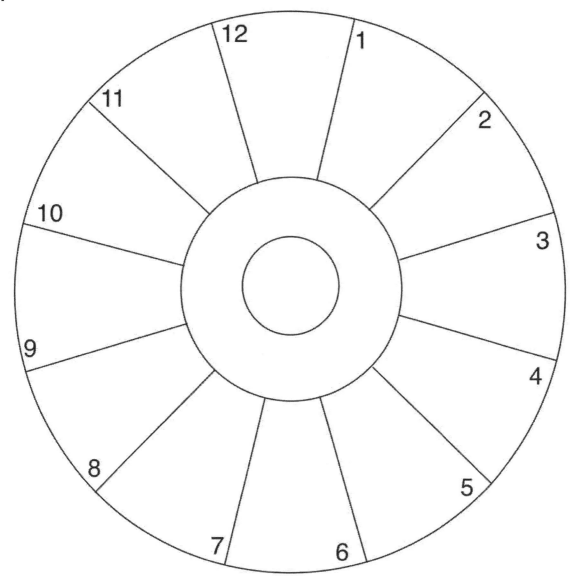

Mis Planes y Visualizaciones

_____
_____
_____
_____
_____
_____
_____
_____
_____
_____
_____
_____
_____
_____
_____
_____
_____
_____
_____
_____
_____
_____
_____
_____
_____
_____

Hoy es un día maravilloso

FECHA:

YO APRECIO :
-
-
-
-
-

TAREAS HOY:

! URGENTE !

ESTA SEMANA VOY A:

leer ☐
meditar ☐
beber agua ☐
comer vegetales ☐
comer frutas ☐
beber jugo Verde ☐
tomar suplementos ☐
hacer ejercicios ☐
aprender ☐

METAS PLAN

SALUD	ESPIRITUAL	FINANZAS	RELACIONES

Esta Semana

TAREA	D	L	K	M	J	V	S
_____	○	○	○	○	○	○	○
_____	○	○	○	○	○	○	○
_____	○	○	○	○	○	○	○
_____	○	○	○	○	○	○	○
_____	○	○	○	○	○	○	○
_____	○	○	○	○	○	○	○
_____	○	○	○	○	○	○	○
_____	○	○	○	○	○	○	○
_____	○	○	○	○	○	○	○
_____	○	○	○	○	○	○	○
_____	○	○	○	○	○	○	○
_____	○	○	○	○	○	○	○

NOTAS

Mis Planes y Visualizaciones

_____
_____
_____
_____
_____
_____
_____
_____
_____
_____
_____
_____
_____

Hoy es un día maravilloso

FECHA:

YO APRECIO :

-
-
-
-
-

TAREAS HOY:

- ( )
- ( )
- ( )
- ( )
- ( )
- ( )

! URGENTE !

ESTA SEMANA VOY A:

leer ☐
meditar ☐
beber agua ☐
comer vegetales ☐
comer frutas ☐
beber jugo Verde ☐
tomar suplementos ☐
hacer ejercicios ☐
aprender ☐

METAS PLAN	SALUD	ESPIRITUAL	FINANZAS	RELACIONES

Ayer

¿Como fue mi día ayer? ¿Puedo observar algún momento de pensamiento, palabras o acciones negativas?

Sí ☐   No ☐

Haré una Rueda de Enfoque y me sentiré mejor.
¡Un día a la VEZ!

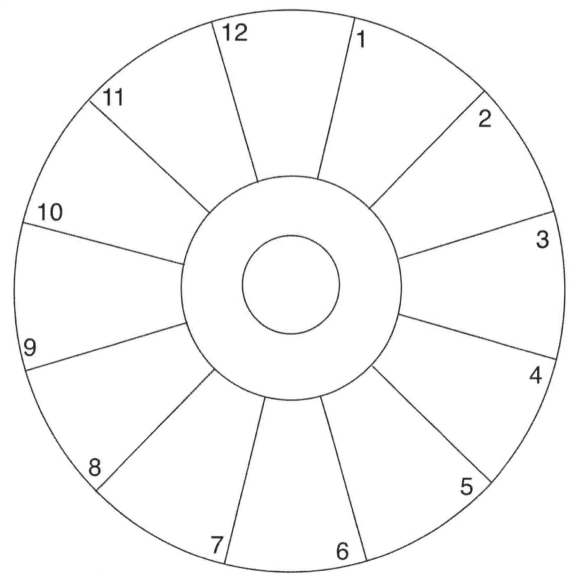

Mis Planes y Visualizaciones

Reviso Mis Metas

META

-
-
-
-

SIGNIFICADO PARA MI

PUNTOS DE ACCIÓN Y ESTRATEGIAS

! URGENCIA !

☐ 1 día   ☐ 1 año
☐ 1 semana   ☐ otro
☐ 1 mes

PERSONAS CON LAS QUE PUEDO CONTAR:

RECURSOS NECESARIOS

RETOS:

RECOMPENSAS:

☐ Meta Completada   Fecha:_____

¿QUÉ FUNCIONO? & ¿POR QUÉ?

**SI NO FUE COMPLETADA,
¿QUÉ PUEDO HACER DIFERENTE?**

¿Continuaras caminando hacia esta meta?
☐ SI   ☐ NO

PENSAMIENTO:

¿Cuál es el Hábito?

DESCRIBE CUAL ES EL HÁBITO QUE DESEAS TRABAJAR:

ESTE HÁBITO ES: POSITIVO   NEGATIVO

¿QUÉ PROVOCA O MOTIVA EL HÁBITO?

¿CÓMO SE PODRÁ RECOMPENSAR... LOGRAR EL BUEN HÁBITO O ROMPER EL MAL HÁBITO?

DOCUMENTA EL PROGRESO:

¿Funcionó el plan?

SI, PORQUE:	NO, PORQUE:

¡Continua NO te detengas!

DESCRIBE TU PLAN PARA EL ÉXITO FUTURO:

Evalúa

CONTESTA ESTAS PREGUNTAS:

@ ¿QUÉ HACES PARA MANTENERTE MOTIVADA A SEGUIR TU PLAN?

@ ¿CUÁLES FUERON LOS PLANES QUE MEJOR FUNCIONARON?

@ ¿QUÉ COSAS NUEVAS APRENDISTE SOBRE TI?

@ ¿COMPARTISTE TUS METAS CON OTROS? ¿ESO TE AYUDÓ A SER RESPONSABLE?

@ LOS CONTRATIEMPOS SON PARTE DE LA VIDA. ¿QUÉ APRENDISTE DE TUS CONTRATIEMPOS?

Siempre siente orgullo de tus logros por pequeños que sean:

Pensamientos

ESCRIBE LO QUE FUNCIONÓ,
LO QUE NO FUNCIONÓ, ETC.

Reconocer

LAS COSAS BUENAS
3 COSAS QUE AMAS:

EN QUE ESTAS TRABAJANDO CON ENFOQUE:

ALGO QUE ESPERAS CON ANSIAS:

Algo que has hecho para tu MEJORAMIENTO PERSONAL:

3 PERSONAS CON LA QUE PUEDES CONTAR:

ALGO QUE APRENDISTE ESTA SEMANA:

ENUMERA LAS COSAS QUE APRECIAS:

-
-
-
-
-

ENUMERE PEQUEÑAS FORMAS EN LAS QUE PUEDES COMPARTIR TU GRATITUD:

-
-

Mes 2

"Reconocerás el camino por el entusiasmo y lo divertido que será."

@Abraham Hicks

Metas para este mes:

_____

- -

_____

_____

- -

_____

_____

- -

_____

¿Qué acciones tomare ?:

_____

- -

_____

_____

- -

_____

_____

- -

_____

Hoy es un día maravilloso

FECHA:

YO APRECIO :

- -
- -
- -
- -
- -

TAREAS HOY:

- [ ]
- [ ]
- [ ]
- [ ]
- [ ]
- [ ]

! URGENTE !

ESTA SEMANA VOY A:

leer ☐
meditar ☐
beber agua ☐
comer vegetales ☐
comer frutas ☐
beber jugo Verde ☐
tomar suplementos ☐
hacer ejercicios ☐
aprender ☐

METAS PLAN

SALUD	ESPIRITUAL	FINANZAS	RELACIONES

Esta Semana

TAREA	D	L	K	M	J	V	S
_____	○	○	○	◯	○	○	○
_____	○	○	○	○	○	○	○
_____	○	○	○	○	○	○	○
_____	○	○	○	○	○	○	○
_____	○	○	○	○	○	○	○
_____	○	○	○	○	○	○	○
_____	○	○	○	○	○	○	○
_____	○	○	○	○	○	○	○
_____	○	○	○	○	○	○	○
_____	○	○	○	○	○	○	○
_____	○	○	○	○	○	○	○
_____	○	○	○	○	○	○	○

NOTAS

Mis Planes y Visualizaciones

Hoy es un día maravilloso

FECHA:

YO APRECIO :
-
-
-
-
-

TAREAS HOY:

! URGENTE !

ESTA SEMANA VOY A:

leer ☐
meditar ☐
beber agua ☐
comer vegetales ☐
comer frutas ☐
beber jugo Verde ☐
tomar suplementos ☐
hacer ejercicios ☐
aprender ☐

METAS PLAN	SALUD	ESPIRITUAL	FINANZAS	RELACIONES

Esta Semana

TAREA	D	L	K	M	J	V	S
_____	○	○	○	○	○	○	○
_____	○	○	○	○	○	○	○
_____	○	○	○	○	○	○	○
_____	○	○	○	○	○	○	○
_____	○	○	○	○	○	○	○
_____	○	○	○	○	○	○	○
_____	○	○	○	○	○	○	○
_____	○	○	○	○	○	○	○
_____	○	○	○	○	○	○	○
_____	○	○	○	○	○	○	○
_____	○	○	○	○	○	○	○
_____	○	○	○	○	○	○	○

NOTAS

Ayer

¿Como fue mi día ayer? ¿Puedo observar algún momento de pensamiento, palabras o acciones negativas?

Sí ☐   No ☐

Haré una Rueda de Enfoque y me sentiré mejor.
¡Un día a la VEZ!

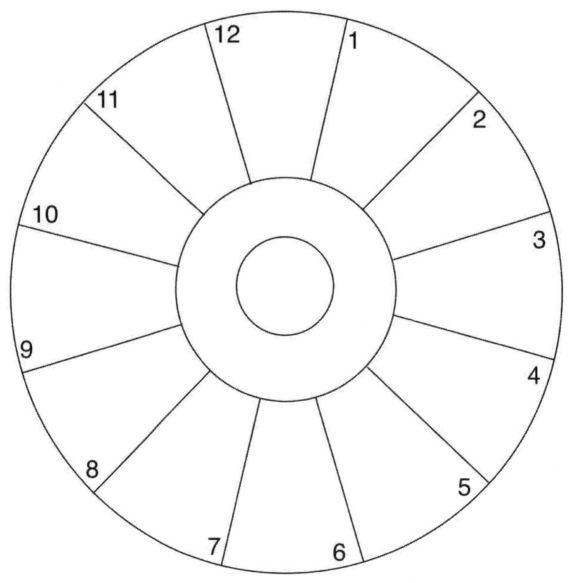

Mis Planes y Visualizaciones

Hoy es un día maravilloso

FECHA:

YO APRECIO :

-
-
-
-
-

TAREAS HOY:

! URGENTE !

ESTA SEMANA VOY A:

leer ☐
meditar ☐
beber agua ☐
comer vegetales ☐
comer frutas ☐
beber jugo Verde ☐
tomar suplementos ☐
hacer ejercicios ☐
aprender ☐

METAS PLAN

SALUD	ESPIRITUAL	FINANZAS	RELACIONES

Esta Semana

TAREA	D	L	K	M	J	V	S
_____	○	○	○	◯	○	○	○
_____	○	○	○	○	○	○	○
_____	○	○	○	○	○	○	○
_____	○	○	○	○	○	○	○
_____	○	○	○	○	○	○	○
_____	○	○	○	○	○	○	○
_____	○	○	○	○	○	○	○
_____	○	○	○	○	○	○	○
_____	○	○	○	○	○	○	○
_____	○	○	○	○	○	○	○
_____	○	○	○	○	○	○	○
_____	○	○	○	○	○	○	○

NOTAS

Mis Planes y Visualizaciones

Hoy es un día maravilloso

FECHA:

YO APRECIO :

.

.

.

.

.

TAREAS HOY:

! URGENTE !

ESTA SEMANA VOY A:

leer ☐

meditar ☐

beber agua ☐

comer vegetales ☐

comer frutas ☐

beber jugo Verde ☐

tomar suplementos ☐

hacer ejercicios ☐

aprender ☐

METAS PLAN

SALUD	ESPIRITUAL	FINANZAS	RELACIONES

Ayer

¿Como fue mi día ayer? ¿Puedo observar algún momento de pensamiento, palabras o acciones negativas?

Sí ☐   No ☐

Haré una Rueda de Enfoque y me sentiré mejor.
¡Un día a la VEZ!

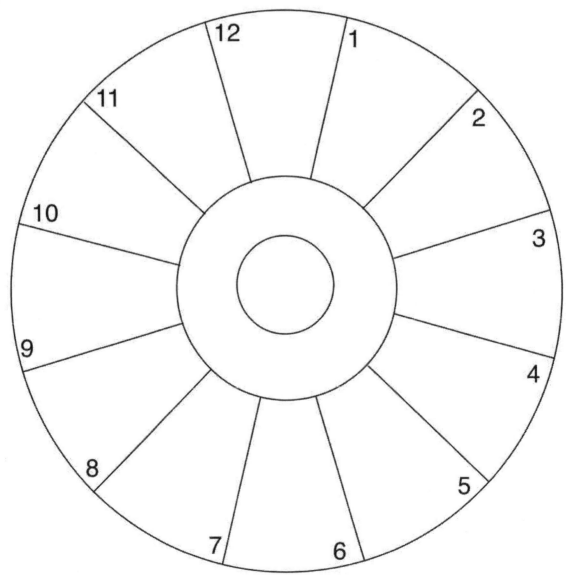

Mis Planes y Visualizaciones

Reviso Mis Metas

META

-
-

SIGNIFICADO PARA MI

-
-

! URGENCIA !

- [ ] 1 día
- [ ] 1 semana
- [ ] 1 mes
- [ ] 1 año
- [ ] otro

PUNTOS DE ACCIÓN Y ESTRATEGIAS

PERSONAS CON LAS QUE PUEDO CONTAR:

RECURSOS NECESARIOS

RETOS:

RECOMPENSAS:

Meta Completada   Fecha:_____

¿QUÉ FUNCIONO? & ¿POR QUÉ?:

**SI NO FUE COMPLETADA,
¿QUÉ PUEDO HACER DIFERENTE?**

¿Continuaras caminando hacia esta meta?
SI   NO

PENSAMIENTO:

¿Cuál es el Hábito?

DESCRIBE CUAL ES EL HÁBITO QUE DESEAS TRABAJAR:

ESTE HÁBITO ES: POSITIVO NEGATIVO

¿QUÉ PROVOCA O MOTIVA EL HÁBITO?

¿CÓMO SE PODRÁ RECOMPENSAR... LOGRAR EL BUEN HÁBITO O ROMPER EL MAL HÁBITO?

DOCUMENTA EL PROGRESO:

¿Funcionó el plan?

SI, PORQUE:	NO, PORQUE:

¡Continua NO te detengas!

DESCRIBE TU PLAN PARA EL ÉXITO FUTURO:

Evalúa

CONTESTA ESTAS PREGUNTAS:

@ ¿QUÉ HACES PARA MANTENERTE MOTIVADA A SEGUIR TU PLAN?

@ ¿CUÁLES FUERON LOS PLANES QUE MEJOR FUNCIONARON?

@ ¿QUÉ COSAS NUEVAS APRENDISTE SOBRE TI?

@ ¿COMPARTISTE TUS METAS CON OTROS? ¿ESO TE AYUDÓ A SER RESPONSABLE?

@ LOS CONTRATIEMPOS SON PARTE DE LA VIDA. ¿QUÉ APRENDISTE DE TUS CONTRATIEMPOS?

Siempre siente orgullo de tus logros por pequeños que sean:

Pensamientos

ESCRIBE LO QUE FUNCIONÓ,
LO QUE NO FUNCIONÓ, ETC.

Reconocer

LAS COSAS BUENAS

3 COSAS QUE AMAS:

EN QUE ESTAS TRABAJANDO CON ENFOQUE:

ALGO QUE ESPERAS CON ANSIAS:

Algo que has hecho para tu MEJORAMIENTO PERSONAL:

3 PERSONAS CON LA QUE PUEDES CONTAR:

ALGO QUE APRENDISTE ESTA SEMANA:

ENUMERA LAS COSAS QUE APRECIAS:

-
-
-
-
-

ENUMERE PEQUEÑAS FORMAS EN LAS QUE PUEDES COMPARTIR TU GRATITUD:

-

Mes 3

"Pregúntate si lo que estás haciendo hoy te llevará a donde quieres estar mañana."

@Walt Disney

Metas para este mes:

_____

- -

_____

_____

- -

_____

_____

- -

¿Qué acciones tomare ?:

_____

- -

_____

_____

- -

_____

_____

- -

_____

Hoy es un día maravilloso

FECHA:

YO APRECIO :

- ·
- ·
- ·
- ·
- ·

TAREAS HOY:

-
-
-
-
-
-

! URGENTE !

ESTA SEMANA VOY A:

leer ☐
meditar ☐
beber agua ☐
comer vegetales ☐
comer frutas ☐
beber jugo Verde ☐
tomar suplementos ☐
hacer ejercicios ☐
aprender ☐

METAS PLAN

SALUD	ESPIRITUAL	FINANZAS	RELACIONES

Esta Semana

TAREA	D	L	K	M	J	V	S
_____	○	○	○	◯	○	○	○
_____	○	○	○	○	○	○	○
_____	○	○	○	○	○	○	○
_____	○	○	○	○	○	○	○
_____	○	○	○	○	○	○	○
_____	○	○	○	○	○	○	○
_____	○	○	○	○	○	○	○
_____	○	○	○	○	○	○	○
_____	○	○	○	○	○	○	○
_____	○	○	○	○	○	○	○
_____	○	○	○	○	○	○	○
_____	○	○	○	○	○	○	○

NOTAS

Mis Planes y Visualizaciones

Hoy es un día maravilloso

FECHA:

YO APRECIO :
-
-
-
-
-

TAREAS HOY:

- [ ]
- [ ]
- [ ]
- [ ]
- [ ]
- [ ]

! URGENTE !

ESTA SEMANA VOY A:

leer [ ]
meditar [ ]
beber agua [ ]
comer vegetales [ ]
comer frutas [ ]
beber jugo Verde [ ]
tomar suplementos [ ]
hacer ejercicios [ ]
aprender [ ]

METAS PLAN

SALUD	ESPIRITUAL	FINANZAS	RELACIONES

Esta Semana

TAREA	D	L	K	M	J	V	S
_____	○	○	○	○	○	○	○
_____	○	○	○	○	○	○	○
_____	○	○	○	○	○	○	○
_____	○	○	○	○	○	○	○
_____	○	○	○	○	○	○	○
_____	○	○	○	○	○	○	○
_____	○	○	○	○	○	○	○
_____	○	○	○	○	○	○	○
_____	○	○	○	○	○	○	○
_____	○	○	○	○	○	○	○
_____	○	○	○	○	○	○	○
_____	○	○	○	○	○	○	○

NOTAS

Ayer

¿Como fue mi día ayer? ¿Puedo observar algún momento de pensamiento, palabras o acciones negativas?

Sí ☐   No ☐

Haré una Rueda de Enfoque y me sentiré mejor.
¡Un día a la VEZ!

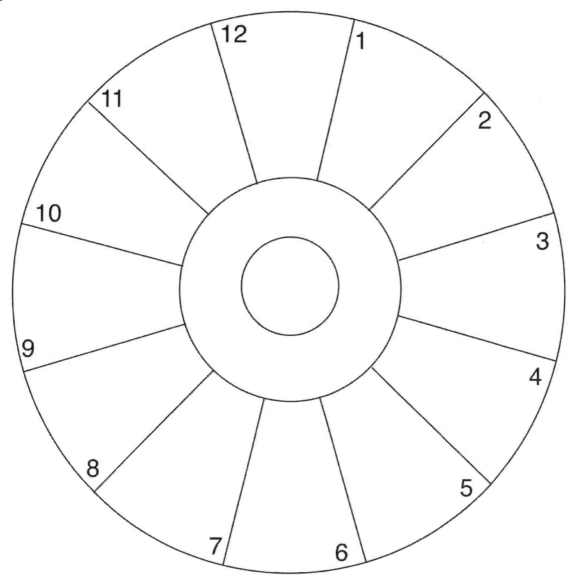

Mis Planes y Visualizaciones

_____
_____
_____
_____
_____
_____
_____
_____
_____
_____
_____
_____
_____
_____

_____
_____
_____
_____
_____
_____
_____
_____
_____
_____
_____
_____
_____
_____
_____

Hoy es un día maravilloso

FECHA:

YO APRECIO :

-
-
-
-
-

TAREAS HOY:

-
-
-
-
-
-

! URGENTE !

ESTA SEMANA VOY A:

leer ☐
meditar ☐
beber agua ☐
comer vegetales ☐
comer frutas ☐
beber jugo Verde ☐
tomar suplementos ☐
hacer ejercicios ☐
aprender ☐

METAS PLAN

SALUD	ESPIRITUAL	FINANZAS	RELACIONES

Esta Semana

TAREA	D	L	K	M	J	V	S
_____	◯	◯	◯	◯	◯	◯	◯
_____	◯	◯	◯	◯	◯	◯	◯
_____	◯	◯	◯	◯	◯	◯	◯
_____	◯	◯	◯	◯	◯	◯	◯
_____	◯	◯	◯	◯	◯	◯	◯
_____	◯	◯	◯	◯	◯	◯	◯
_____	◯	◯	◯	◯	◯	◯	◯
_____	◯	◯	◯	◯	◯	◯	◯
_____	◯	◯	◯	◯	◯	◯	◯
_____	◯	◯	◯	◯	◯	◯	◯
_____	◯	◯	◯	◯	◯	◯	◯
_____	◯	◯	◯	◯	◯	◯	◯

NOTAS

Mis Planes y Visualizaciones

_____
_____
_____
_____
_____
_____
_____
_____
_____
_____

_____
_____
_____
_____
_____
_____
_____
_____
_____
_____

Hoy es un día maravilloso

FECHA:

YO APRECIO :

- -
- -
- -
- -
- -

TAREAS HOY:

- [ ]
- [ ]
- [ ]
- [ ]
- [ ]
- [ ]

! URGENTE !

ESTA SEMANA VOY A:

leer ☐
meditar ☐
beber agua ☐
comer vegetales ☐
comer frutas ☐
beber jugo Verde ☐
tomar suplementos ☐
hacer ejercicios ☐
aprender ☐

METAS PLAN

SALUD	ESPIRITUAL	FINANZAS	RELACIONES

Ayer

¿Como fue mi día ayer? ¿Puedo observar algún momento de pensamiento, palabras o acciones negativas?

Sí ☐   No ☐

Haré una Rueda de Enfoque y me sentiré mejor.
¡Un día a la VEZ!

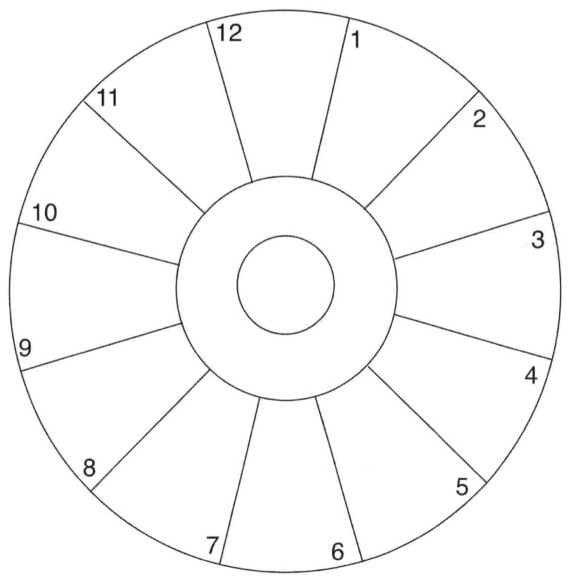

Mis Planes y Visualizaciones

Reviso Mis Metas

META

-
-

SIGNIFICADO PARA MI

-
-

PUNTOS DE ACCIÓN Y ESTRATEGIAS

! URGENCIA !

- ☐ 1 día
- ☐ 1 semana
- ☐ 1 mes
- ☐ 1 año
- ☐ otro

PERSONAS CON LAS QUE PUEDO CONTAR:

RECURSOS NECESARIOS

RETOS:

RECOMPENSAS:

☐ Meta Completada   Fecha:_____

¿QUÉ FUNCIONO? & ¿POR QUÉ?:

SI NO FUE COMPLETADA, ¿QUÉ PUEDO HACER DIFERENTE?

¿Continuaras caminando hacia esta meta?

☐ SI   ☐ NO

PENSAMIENTO:

¿Cuál es el Hábito?

DESCRIBE CUAL ES EL HÁBITO QUE DESEAS TRABAJAR:

ESTE HÁBITO ES: POSITIVO   NEGATIVO

¿QUÉ PROVOCA O MOTIVA EL HÁBITO?

¿CÓMO SE PODRÁ RECOMPENSAR... LOGRAR EL BUEN HÁBITO O ROMPER EL MAL HÁBITO?

DOCUMENTA EL PROGRESO:

¿Funcionó el plan!

SI, PORQUE:	NO, PORQUE:

!Continua NO te detengas!

DESCRIBE TU PLAN PARA EL ÉXITO FUTURO:

Evalúa

@ ¿QUÉ HACES PARA MANTENERTE MOTIVADA A SEGUIR TU PLAN?

@ ¿CUÁLES FUERON LOS PLANES QUE MEJOR FUNCIONARON?

@ ¿QUÉ COSAS NUEVAS APRENDISTE SOBRE TI?

@ ¿COMPARTISTE TUS METAS CON OTROS? ¿ESO TE AYUDÓ A SER RESPONSABLE?

@ LOS CONTRATIEMPOS SON PARTE DE LA VIDA. ¿QUÉ APRENDISTE DE TUS CONTRATIEMPOS?

Siempre siente orgullo de tus logros por pequeños que sean:

○ _____   ○ _____   ○ _____

○ _____   ○ _____   ○ _____

○ _____   ○ _____   ○ _____

Pensamientos

ESCRIBE LO QUE FUNCIONÓ,
LO QUE NO FUNCIONÓ, ETC.

Reconocer

LAS COSAS BUENAS
3 COSAS QUE AMAS:

EN QUE ESTAS TRABAJANDO CON ENFOQUE:

ALGO QUE ESPERAS CON ANSIAS:

Algo que has hecho para tu MEJORAMIENTO PERSONAL:

3 PERSONAS CON LA QUE PUEDES CONTAR:

ALGO QUE APRENDISTE ESTA SEMANA:

ENUMERA LAS COSAS QUE APRECIAS:

-
-
-
-
-

ENUMERE PEQUEÑAS FORMAS EN LAS QUE PUEDES COMPARTIR TU GRATITUD:

-
-

Mes 4

"Tratar de ser tu mejor tu es una misión diaria."

@Lizzie Santiago-YourBest U Club

Metas para este mes:

_____

- -

_____

_____

- -

_____

_____

- -

¿Qué acciones tomare ?:

_____

- -

_____

_____

- -

_____

_____

- -

_____

Hoy es un día maravilloso

FECHA:

- .
- .
- .
- .
- .

TAREAS HOY:

- [ ]
- [ ]
- [ ]
- [ ]
- [ ]
- [ ]

! URGENTE !

ESTA SEMANA VOY A:

- leer ☐
- meditar ☐
- beber agua ☐
- comer vegetales ☐
- comer frutas ☐
- beber jugo Verde ☐
- tomar suplementos ☐
- hacer ejercicios ☐
- aprender ☐

METAS PLAN

SALUD	ESPIRITUAL	FINANZAS	RELACIONES

Esta Semana

TAREA	D	L	K	M	J	V	S
_____	○	○	○	○	○	○	○
_____	○	○	○	○	○	○	○
_____	○	○	○	○	○	○	○
_____	○	○	○	○	○	○	○
_____	○	○	○	○	○	○	○
_____	○	○	○	○	○	○	○
_____	○	○	○	○	○	○	○
_____	○	○	○	○	○	○	○
_____	○	○	○	○	○	○	○
_____	○	○	○	○	○	○	○
_____	○	○	○	○	○	○	○
_____	○	○	○	○	○	○	○

NOTAS

Mis Planes y Visualizaciones

Hoy es un día maravilloso

FECHA:

YO APRECIO :

-
-
-
-
-

TAREAS HOY:

- [ ]
- [ ]
- [ ]
- [ ]
- [ ]
- [ ]

! URGENTE !

ESTA SEMANA VOY A:

leer ☐
meditar ☐
beber agua ☐
comer vegetales ☐
comer frutas ☐
beber jugo Verde ☐
tomar suplementos ☐
hacer ejercicios ☐
aprender ☐

METAS PLAN

SALUD	ESPIRITUAL	FINANZAS	RELACIONES

Esta Semana

TAREA	D	L	K	M	J	V	S
_____	◯	◯	◯	◯	◯	◯	◯
_____	◯	◯	◯	◯	◯	◯	◯
_____	◯	◯	◯	◯	◯	◯	◯
_____	◯	◯	◯	◯	◯	◯	◯
_____	◯	◯	◯	◯	◯	◯	◯
_____	◯	◯	◯	◯	◯	◯	◯
_____	◯	◯	◯	◯	◯	◯	◯
_____	◯	◯	◯	◯	◯	◯	◯
_____	◯	◯	◯	◯	◯	◯	◯
_____	◯	◯	◯	◯	◯	◯	◯
_____	◯	◯	◯	◯	◯	◯	◯
_____	◯	◯	◯	◯	◯	◯	◯

NOTAS

Ayer

¿Como fue mi día ayer? ¿Puedo observar algún momento de pensamiento, palabras o acciones negativas?

Sí ☐   No ☐

Haré una Rueda de Enfoque y me sentiré mejor.
¡Un día a la VEZ!

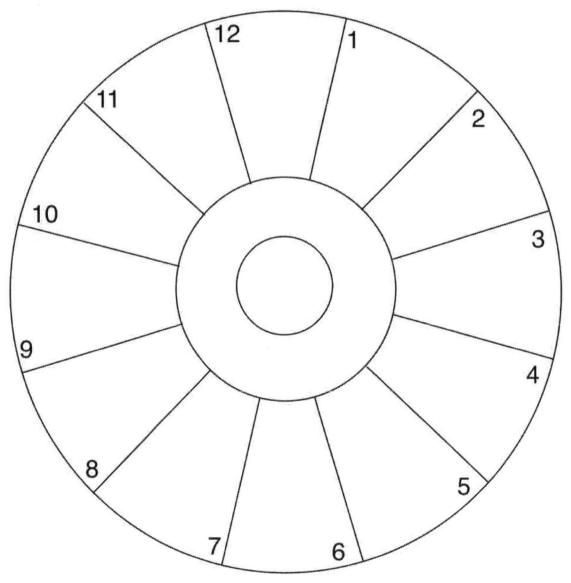

Mis Planes y Visualizaciones

Hoy es un día maravilloso

FECHA:

YO APRECIO :

- -
- -
- -
- -
- -

TAREAS HOY:

- ( )
- ( )
- ( )
- ( )
- ( )
- ( )

! URGENTE !

ESTA SEMANA VOY A:

- leer ☐
- meditar ☐
- beber agua ☐
- comer vegetales ☐
- comer frutas ☐
- beber jugo Verde ☐
- tomar suplementos ☐
- hacer ejercicios ☐
- aprender ☐

METAS PLAN

SALUD	ESPIRITUAL	FINANZAS	RELACIONES

Esta Semana

TAREA	D	L	K	M	J	V	S
_____	○	○	○	○	○	○	○
_____	○	○	○	○	○	○	○
_____	○	○	○	○	○	○	○
_____	○	○	○	○	○	○	○
_____	○	○	○	○	○	○	○
_____	○	○	○	○	○	○	○
_____	○	○	○	○	○	○	○
_____	○	○	○	○	○	○	○
_____	○	○	○	○	○	○	○
_____	○	○	○	○	○	○	○
_____	○	○	○	○	○	○	○
_____	○	○	○	○	○	○	○

NOTAS

Mis Planes y Visualizaciones

Hoy es un día maravilloso

FECHA:

YO APRECIO :

-
-
-
-
-

TAREAS HOY:

-
-
-
-
-
-

! URGENTE !

ESTA SEMANA VOY A:

leer ☐
meditar ☐
beber agua ☐
comer vegetales ☐
comer frutas ☐
beber jugo Verde ☐
tomar suplementos ☐
hacer ejercicios ☐
aprender ☐

METAS PLAN

SALUD	ESPIRITUAL	FINANZAS	RELACIONES

Ayer

¿Como fue mi día ayer? ¿Puedo observar algún momento de pensamiento, palabras o acciones negativas?

Sí ☐   No ☐

Haré una Rueda de Enfoque y me sentiré mejor.
¡Un día a la VEZ!

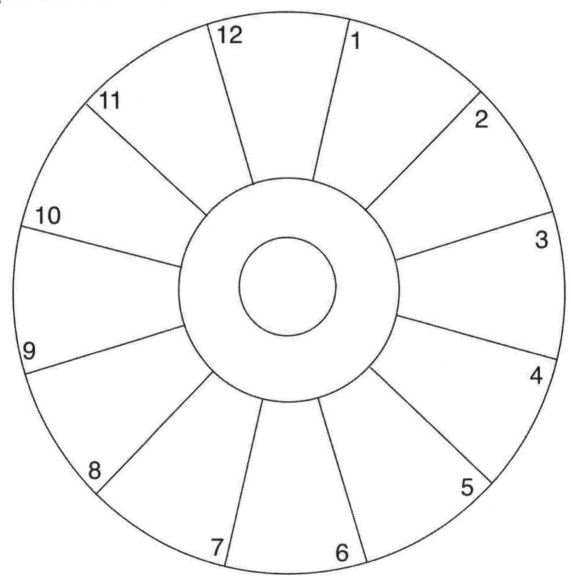

Mis Planes y Visualizaciones

Reviso Mis Metas

META

-
-
-
-

SIGNIFICADO PARA MI

PUNTOS DE ACCIÓN Y ESTRATEGIAS

! URGENCIA !

- [ ] 1 día
- [ ] 1 semana
- [ ] 1 mes
- [ ] 1 año
- [ ] otro

PERSONAS CON LAS QUE PUEDO CONTAR:

RECURSOS NECESARIOS

RETOS:

RECOMPENSAS:

Meta Completada   Fecha:_____

¿QUÉ FUNCIONO? & ¿POR QUÉ?:

SI NO FUE COMPLETADA, ¿QUÉ PUEDO HACER DIFERENTE?

¿Continuaras caminando hacia esta meta?

SI   NO

PENSAMIENTO:

¿Cuál es el Hábito?

DESCRIBE CUAL ES EL HÁBITO QUE DESEAS TRABAJAR:

ESTE HÁBITO ES: POSITIVO NEGATIVO

¿QUÉ PROVOCA O MOTIVA EL HÁBITO?

¿CÓMO SE PODRÁ RECOMPENSAR... LOGRAR EL BUEN HÁBITO O ROMPER EL MAL HÁBITO?

DOCUMENTA EL PROGRESO:

¿Funcionó el plan?

SI, PORQUE:	NO, PORQUE:

!Continua NO te detengas!

DESCRIBE TU PLAN PARA EL ÉXITO FUTURO:

Evalúa

CONTESTA ESTAS PREGUNTAS:

@ ¿QUÉ HACES PARA MANTENERTE MOTIVADA A SEGUIR TU PLAN?

@ ¿CUÁLES FUERON LOS PLANES QUE MEJOR FUNCIONARON?

@ ¿QUÉ COSAS NUEVAS APRENDISTE SOBRE TI?

@ ¿COMPARTISTE TUS METAS CON OTROS? ¿ESO TE AYUDÓ A SER RESPONSABLE?

@ LOS CONTRATIEMPOS SON PARTE DE LA VIDA. ¿QUÉ APRENDISTE DE TUS CONTRATIEMPOS?

Siempre siente orgullo de tus logros por pequeños que sean:

○ _____   ○ _____   ○ _____

○ _____   ○ _____   ○ _____

○ _____   ○ _____   ○ _____

Pensamientos

ESCRIBE LO QUE FUNCIONÓ,
LO QUE NO FUNCIONÓ, ETC.

Reconocer

LAS COSAS BUENAS
3 COSAS QUE AMAS:

EN QUE ESTAS TRABAJANDO CON ENFOQUE:

ALGO QUE ESPERAS CON ANSIAS:

Algo que has hecho para tu MEJORAMIENTO PERSONAL:

3 PERSONAS CON LA QUE PUEDES CONTAR:

ALGO QUE APRENDISTE ESTA SEMANA:

ENUMERA LAS COSAS QUE APRECIAS:

-
-
-
-
-

ENUMERE PEQUEÑAS FORMAS EN LAS QUE PUEDES COMPARTIR TU GRATITUD:

-
-

Mes 5

Tu Mejor Tú = Tu
Personalidad Magnética
Mejora tu Salud, tus Relaciones y
tus Finanzas.
Tu Mejor TU…está dentro de ti.

Metas para este mes:

_____

- - - - - - - - - - - - - - - - - -

_____

_____

- - - - - - - - - - - - - - - - - -

_____

_____

- - - - - - - - - - - - - - - - - -

_____

¿Qué acciones tomare ?:

_____

- - - - - - - - - - - - - - - - - -

_____

_____

- - - - - - - - - - - - - - - - - -

_____

_____

- - - - - - - - - - - - - - - - - -

_____

Hoy es un día maravilloso

FECHA:

YO APRECIO :
-
-
-
-
-

TAREAS HOY:

! URGENTE !

ESTA SEMANA VOY A:

leer ☐

meditar ☐

beber agua ☐

comer vegetales ☐

comer frutas ☐

beber jugo Verde ☐

tomar suplementos ☐

hacer ejercicios ☐

aprender ☐

METAS PLAN

SALUD	ESPIRITUAL	FINANZAS	RELACIONES

Esta Semana

TAREA	D	L	K	M	J	V	S
_____	○	○	○	◯	○	○	○
_____	○	○	○	○	○	○	○
_____	○	○	○	○	○	○	○
_____	○	○	○	○	○	○	○
_____	○	○	○	○	○	○	○
_____	○	○	○	○	○	○	○
_____	○	○	○	○	○	○	○
_____	○	○	○	○	○	○	○
_____	○	○	○	○	○	○	○
_____	○	○	○	○	○	○	○
_____	○	○	○	○	○	○	○
_____	○	○	○	○	○	○	○

NOTAS

Mis Planes y Visualizaciones

_____
_____
_____
_____
_____
_____
_____
_____
_____
_____
_____
_____

Hoy es un día maravilloso

FECHA:

YO APRECIO :

- . . . .
- . . . .
- . . . .
- . . . .
- . . . .

TAREAS HOY:

- ☐
- ☐
- ☐
- ☐
- ☐
- ☐

! URGENTE !

ESTA SEMANA VOY A:

- leer ☐
- meditar ☐
- beber agua ☐
- comer vegetales ☐
- comer frutas ☐
- beber jugo Verde ☐
- tomar suplementos ☐
- hacer ejercicios ☐
- aprender ☐

✔

METAS PLAN

SALUD	ESPIRITUAL	FINANZAS	RELACIONES

Esta Semana

TAREA	D	L	K	M	J	V	S
_____	○	○	○	◯	○	○	○
_____	○	○	○	○	○	○	○
_____	○	○	○	○	○	○	○
_____	○	○	○	○	○	○	○
_____	○	○	○	○	○	○	○
_____	○	○	○	○	○	○	○
_____	○	○	○	○	○	○	○
_____	○	○	○	○	○	○	○
_____	○	○	○	○	○	○	○
_____	○	○	○	○	○	○	○
_____	○	○	○	○	○	○	○
_____	○	○	○	○	○	○	○

NOTAS

Ayer

¿Como fue mi día ayer? ¿Puedo observar algún momento de pensamiento, palabras o acciones negativas?

Sí ☐   No ☐

Haré una Rueda de Enfoque y me sentiré mejor.
¡Un día a la VEZ!

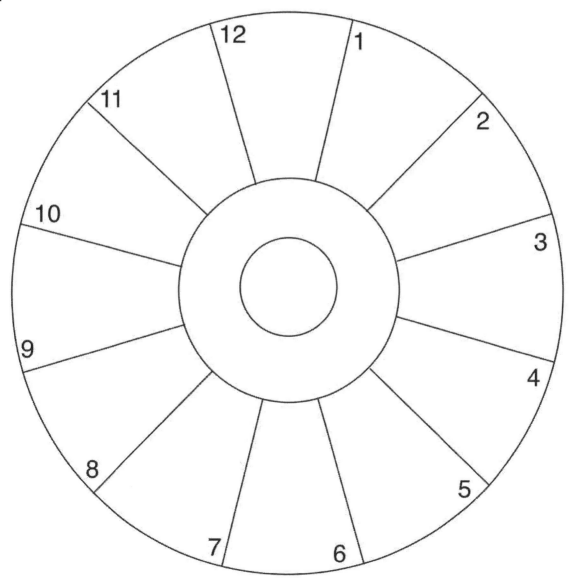

Mis Planes y Visualizaciones

_____   _____
_____   _____
_____   _____
_____   _____
_____   _____
_____   _____
_____   _____
_____   _____
_____   _____
_____   _____
_____   _____
_____   _____
_____   _____

Hoy es un día maravilloso

FECHA:

TAREAS HOY:

- [   ]
- [   ]
- [   ]
- [   ]
- [   ]
- [   ]

YO APRECIO :

- .
- .
- .
- .
- .

! URGENTE !

ESTA SEMANA VOY A:

leer ☐
meditar ☐
beber agua ☐
comer vegetales ☐
comer frutas ☐
beber jugo Verde ☐
tomar suplementos ☐
hacer ejercicios ☐
aprender ☐

METAS PLAN

SALUD	ESPIRITUAL	FINANZAS	RELACIONES

Esta Semana

TAREA	D	L	K	M	J	V	S
_____	◯	◯	◯	◯	◯	◯	◯
_____	◯	◯	◯	◯	◯	◯	◯
_____	◯	◯	◯	◯	◯	◯	◯
_____	◯	◯	◯	◯	◯	◯	◯
_____	◯	◯	◯	◯	◯	◯	◯
_____	◯	◯	◯	◯	◯	◯	◯
_____	◯	◯	◯	◯	◯	◯	◯
_____	◯	◯	◯	◯	◯	◯	◯
_____	◯	◯	◯	◯	◯	◯	◯
_____	◯	◯	◯	◯	◯	◯	◯
_____	◯	◯	◯	◯	◯	◯	◯
_____	◯	◯	◯	◯	◯	◯	◯

NOTAS

Mis Planes y Visualizaciones

Hoy es un día maravilloso

FECHA:

YO APRECIO :
-
-
-
-
-

TAREAS HOY:

! URGENTE !

ESTA SEMANA VOY A:

leer ☐
meditar ☐
beber agua ☐
comer vegetales ☐
comer frutas ☐
beber jugo Verde ☐
tomar suplementos ☐
hacer ejercicios ☐
aprender ☐

METAS PLAN

SALUD	ESPIRITUAL	FINANZAS	RELACIONES

Ayer

¿Como fue mi día ayer? ¿Puedo observar algún momento de pensamiento, palabras o acciones negativas?

Sí ☐   No ☐

Haré una Rueda de Enfoque y me sentiré mejor.
¡Un día a la VEZ!

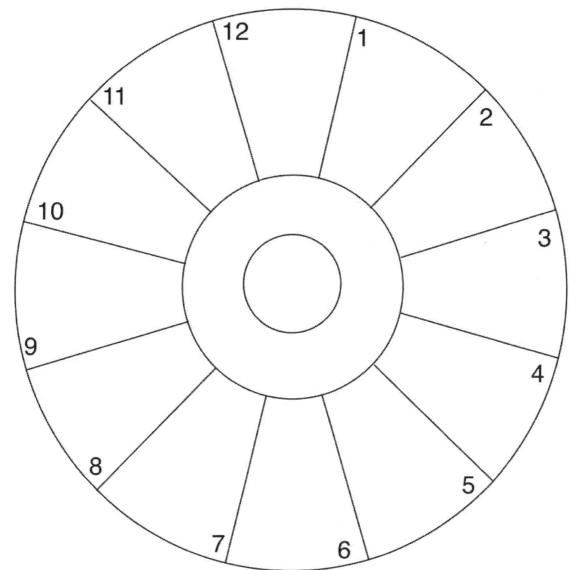

Mis Planes y Visualizaciones

Reviso Mis Metas

META

-
-

SIGNIFICADO PARA MI

-
-

PUNTOS DE ACCIÓN Y ESTRATEGIAS

- [ ]
- [ ]
- [ ]
- [ ]
- [ ]
- [ ]

! URGENCIA !

- [ ] 1 día
- [ ] 1 semana
- [ ] 1 mes
- [ ] 1 año
- [ ] otro

PERSONAS CON LAS QUE PUEDO CONTAR:

RECURSOS NECESARIOS

RETOS:

RECOMPENSAS:

☐ Meta Completada   Fecha:_____

¿QUÉ FUNCIONO? & ¿POR QUÉ?:

SI NO FUE COMPLETADA, ¿QUÉ PUEDO HACER DIFERENTE?

¿Continuaras caminando hacia esta meta?

☐ SI   ☐ NO

PENSAMIENTO:

¿Cuál es el Hábito?

DESCRIBE CUAL ES EL HÁBITO QUE DESEAS TRABAJAR:

ESTE HÁBITO ES: POSITIVO   NEGATIVO

¿QUÉ PROVOCA O MOTIVA EL HÁBITO?

¿CÓMO SE PODRÁ RECOMPENSAR... LOGRAR EL BUEN HÁBITO O ROMPER EL MAL HÁBITO?

DOCUMENTA EL PROGRESO:

¿Funcionó el plan?

SI, PORQUE:	NO, PORQUE:

!Continua NO te detengas!

DESCRIBE TU PLAN PARA EL ÉXITO FUTURO:

Evalúa

CONTESTA ESTAS PREGUNTAS:

@ ¿QUÉ HACES PARA MANTENERTE MOTIVADA A SEGUIR TU PLAN?

@ ¿CUÁLES FUERON LOS PLANES QUE MEJOR FUNCIONARON?

@ ¿QUÉ COSAS NUEVAS APRENDISTE SOBRE TI?

@ ¿COMPARTISTE TUS METAS CON OTROS? ¿ESO TE AYUDÓ A SER RESPONSABLE?

@ LOS CONTRATIEMPOS SON PARTE DE LA VIDA. ¿QUÉ APRENDISTE DE TUS CONTRATIEMPOS?

Siempre siente orgullo de tus logros por pequeños que sean:

Pensamientos

Reconocer

LAS COSAS BUENAS
3 COSAS QUE AMAS:

EN QUE ESTAS TRABAJANDO CON ENFOQUE:

ALGO QUE ESPERAS CON ANSIAS:

Algo que has hecho para tu **MEJORAMIENTO PERSONAL:**

3 PERSONAS CON LA QUE PUEDES CONTAR:

ALGO QUE APRENDISTE ESTA SEMANA:

ENUMERA LAS COSAS QUE APRECIAS:

-
-
-
-
-

ENUMERE PEQUEÑAS FORMAS EN LAS QUE PUEDES COMPARTIR TU GRATITUD:

-
-

Mes 6

AFILAR los 7 pilares fundamentales para el EXITO:

Salud

Actitud

Finanzas

Intelecto

Liderazgo

Apariencia

Resultados

Metas para este mes:

_____

- -

_____

_____

- -

_____

_____

- -

¿Qué acciones tomare ?:

_____

- -

_____

_____

- -

_____

_____

- -

_____

Hoy es un día maravilloso

FECHA:

YO APRECIO :

-
-
-
-
-

TAREAS HOY:

-
-
-
-
-
-

! URGENTE !

ESTA SEMANA VOY A:

leer ☐

meditar ☐

beber agua ☐

comer vegetales ☐

comer frutas ☐

beber jugo Verde ☐

tomar suplementos ☐

hacer ejercicios ☐

aprender ☐

METAS PLAN

SALUD	ESPIRITUAL	FINANZAS	RELACIONES

Esta Semana

TAREA	D	L	K	M	J	V	S
_____	○	○	○	○	○	○	○
_____	○	○	○	○	○	○	○
_____	○	○	○	○	○	○	○
_____	○	○	○	○	○	○	○
_____	○	○	○	○	○	○	○
_____	○	○	○	○	○	○	○
_____	○	○	○	○	○	○	○
_____	○	○	○	○	○	○	○
_____	○	○	○	○	○	○	○
_____	○	○	○	○	○	○	○
_____	○	○	○	○	○	○	○
_____	○	○	○	○	○	○	○

NOTAS

Mis Planes y Visualizaciones

Hoy es un día maravilloso

FECHA:

YO APRECIO :

-
-
-
-
-

TAREAS HOY:

! URGENTE !

ESTA SEMANA VOY A:

leer ☐

meditar ☐

beber agua ☐

comer vegetales ☐

comer frutas ☐

beber jugo Verde ☐

tomar suplementos ☐

hacer ejercicios ☐

aprender ☐

METAS PLAN	SALUD	ESPIRITUAL	FINANZAS	RELACIONES

Esta Semana

TAREA	D	L	K	M	J	V	S
_____	○	○	○	○	○	○	○
_____	○	○	○	○	○	○	○
_____	○	○	○	○	○	○	○
_____	○	○	○	○	○	○	○
_____	○	○	○	○	○	○	○
_____	○	○	○	○	○	○	○
_____	○	○	○	○	○	○	○
_____	○	○	○	○	○	○	○
_____	○	○	○	○	○	○	○
_____	○	○	○	○	○	○	○
_____	○	○	○	○	○	○	○
_____	○	○	○	○	○	○	○

NOTAS

Ayer

¿Como fue mi día ayer? ¿Puedo observar algún momento de pensamiento, palabras o acciones negativas?

Sí ☐   No ☐

Haré una Rueda de Enfoque y me sentiré mejor.
¡Un día a la VEZ!

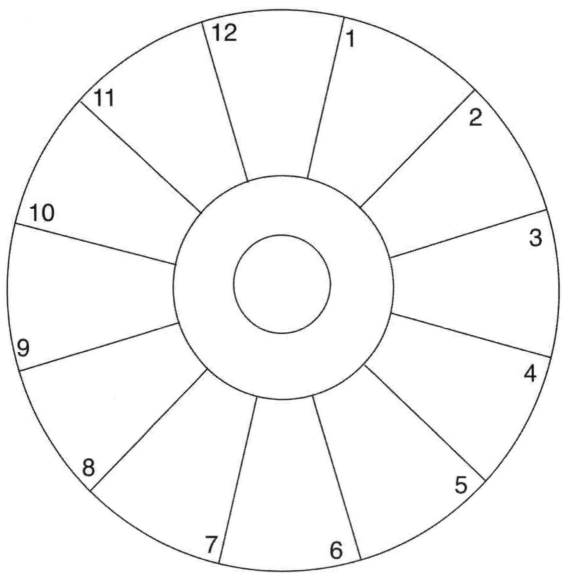

Mis Planes y Visualizaciones

Hoy es un día maravilloso

FECHA:

YO APRECIO :

- .
- .
- .
- .
- .

TAREAS HOY:

- ( )
- ( )
- ( )
- ( )
- ( )
- ( )

! URGENTE !

ESTA SEMANA VOY A:

leer ☐

meditar ☐

beber agua ☐

comer vegetales ☐

comer frutas ☐

beber jugo Verde ☐

tomar suplementos ☐

hacer ejercicios ☐

aprender ☐

METAS PLAN

SALUD	ESPIRITUAL	FINANZAS	RELACIONES

Esta Semana

TAREA	D	L	K	M	J	V	S
_____	○	○	○	◯	○	○	○
_____	○	○	○	○	○	○	○
_____	○	○	○	○	○	○	○
_____	○	○	○	○	○	○	○
_____	○	○	○	○	○	○	○
_____	○	○	○	○	○	○	○
_____	○	○	○	○	○	○	○
_____	○	○	○	○	○	○	○
_____	○	○	○	○	○	○	○
_____	○	○	○	○	○	○	○
_____	○	○	○	○	○	○	○
_____	○	○	○	○	○	○	○

NOTAS

Mis Planes y Visualizaciones

_____
_____
_____
_____
_____
_____
_____
_____
_____
_____
_____
_____
_____
_____
_____

Hoy es un día maravilloso

FECHA:

YO APRECIO :

-
-
-
-
-

TAREAS HOY:

-
-
-
-
-
-

! URGENTE !

ESTA SEMANA VOY A:

leer ☐

meditar ☐

beber agua ☐

comer vegetales ☐

comer frutas ☐

beber jugo Verde ☐

tomar suplementos ☐

hacer ejercicios ☐

aprender ☐

METAS PLAN

SALUD	ESPIRITUAL	FINANZAS	RELACIONES

Ayer

¿Como fue mi día ayer? ¿Puedo observar algún momento de pensamiento, palabras o acciones negativas?

Sí ☐   No ☐

Haré una Rueda de Enfoque y me sentiré mejor. ¡Un día a la VEZ!

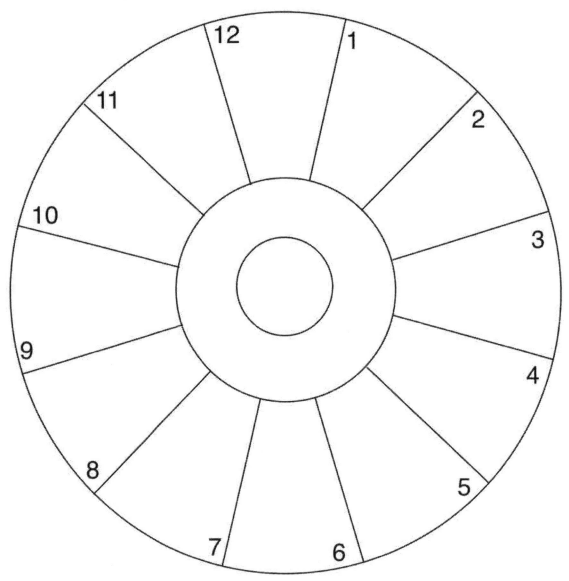

Mis Planes y Visualizaciones

_____
_____
_____
_____
_____
_____
_____
_____
_____
_____
_____
_____
_____
_____
_____
_____

Reviso Mis Metas

META

-
-

SIGNIFICADO PARA MI

PUNTOS DE ACCIÓN Y ESTRATEGIAS

! URGENCIA !

☐ 1 día   ☐ 1 año

☐ 1 semana   ☐ otro

☐ 1 mes

PERSONAS CON LAS QUE PUEDO CONTAR:

RECURSOS NECESARIOS

RETOS:

RECOMPENSAS:

Meta Completada   Fecha:_____

¿QUÉ FUNCIONO? & ¿POR QUÉ?

SI NO FUE COMPLETADA, ¿QUÉ PUEDO HACER DIFERENTE?

¿Continuaras caminando hacia esta meta?

SI   NO

PENSAMIENTO:

¿Cuál es el Hábito?

DESCRIBE CUAL ES EL HÁBITO QUE DESEAS TRABAJAR:

ESTE HÁBITO ES: POSITIVO NEGATIVO

¿QUÉ PROVOCA O MOTIVA EL HÁBITO?

¿CÓMO SE PODRÁ RECOMPENSAR... LOGRAR EL BUEN HÁBITO O ROMPER EL MAL HÁBITO?

DOCUMENTA EL PROGRESO:

¿Funcionó el plan?

SI, PORQUE:	NO, PORQUE:

!Continua NO te detengas!

DESCRIBE TU PLAN PARA EL ÉXITO FUTURO:

Evalúa

CONTESTA ESTAS PREGUNTAS:

@ ¿QUÉ HACES PARA MANTENERTE MOTIVADA A SEGUIR TU PLAN?

@ ¿CUÁLES FUERON LOS PLANES QUE MEJOR FUNCIONARON?

@ ¿QUÉ COSAS NUEVAS APRENDISTE SOBRE TI?

@ ¿COMPARTISTE TUS METAS CON OTROS? ¿ESO TE AYUDÓ A SER RESPONSABLE?

@ LOS CONTRATIEMPOS SON PARTE DE LA VIDA. ¿QUÉ APRENDISTE DE TUS CONTRATIEMPOS?

Siempre siente orgullo de tus logros por pequeños que sean:

○ _____   ○ _____   ○ _____

○ _____   ○ _____   ○ _____

○ _____   ○ _____   ○ _____

Pensamientos

ESCRIBE LO QUE FUNCIONÓ,
LO QUE NO FUNCIONÓ, ETC.

Reconocer

LAS COSAS BUENAS
3 COSAS QUE AMAS:

EN QUE ESTAS TRABAJANDO CON ENFOQUE:

ALGO QUE ESPERAS CON ANSIAS:

Algo que has hecho para tu MEJORAMIENTO PERSONAL:

3 PERSONAS CON LA QUE PUEDES CONTAR:

ALGO QUE APRENDISTE ESTA SEMANA:

ENUMERA LAS COSAS QUE APRECIAS:

-
-
-
-
-

ENUMERE PEQUEÑAS FORMAS EN LAS QUE PUEDES COMPARTIR TU GRATITUD:

-

Mes 7

"Estírate un poco, sal fuera de tu área de conformismo y te sorprenderás de lo que eres capaz de lograr."

@Lizzie Santiago-YourBest U Club

Metas para este mes:

_____

- - - - - - - - - - - - - - - - - - -

_____

- - - - - - - - - - - - - - - - - - -

_____

- - - - - - - - - - - - - - - - - - -

_____

¿Qué acciones tomare ?:

- - - - - - - - - - - - - - - - - - -

_____

- - - - - - - - - - - - - - - - - - -

_____

- - - - - - - - - - - - - - - - - - -

_____

Hoy es un día maravilloso

YO APRECIO :

-
-
-
-
-

FECHA:

TAREAS HOY:

! URGENTE !

ESTA SEMANA VOY A:

leer ☐

meditar ☐

beber agua ☐

comer vegetales ☐

comer frutas ☐

beber jugo Verde ☐

tomar suplementos ☐

hacer ejercicios ☐

aprender ☐

METAS PLAN

SALUD	ESPIRITUAL	FINANZAS	RELACIONES

Esta Semana

TAREA	D	L	K	M	J	V	S
_____	○	○	○	◉	○	○	○
_____	○	○	○	○	○	○	○
_____	○	○	○	○	○	○	○
_____	○	○	○	○	○	○	○
_____	○	○	○	○	○	○	○
_____	○	○	○	○	○	○	○
_____	○	○	○	○	○	○	○
_____	○	○	○	○	○	○	○
_____	○	○	○	○	○	○	○
_____	○	○	○	○	○	○	○
_____	○	○	○	○	○	○	○
_____	○	○	○	○	○	○	○

NOTAS

Mis Planes y Visualizaciones

_____
_____
_____
_____
_____
_____
_____
_____
_____
_____
_____
_____
_____
_____

_____
_____
_____
_____
_____
_____
_____
_____
_____
_____
_____
_____
_____
_____

Hoy es un día maravilloso

FECHA:

YO APRECIO :

-
-
-
-
-

TAREAS HOY:

! URGENTE !

ESTA SEMANA VOY A:

leer ☐

meditar ☐

beber agua ☐

comer vegetales ☐

comer frutas ☐

beber jugo Verde ☐

tomar suplementos ☐

hacer ejercicios ☐

aprender ☐

METAS PLAN	SALUD	ESPIRITUAL	FINANZAS	RELACIONES

Esta Semana

TAREA	D	L	K	M	J	V	S
_____	○	.	○	◯	○	○	○
_____	○	○	○	○	○	○	○
_____	○	○	○	○	○	○	○
_____	○	○	○	○	○	○	○
_____	○	○	○	○	○	○	○
_____	○	○	○	○	○	○	○
_____	○	○	○	○	○	○	○
_____	○	○	○	○	○	○	○
_____	○	○	○	○	○	○	○
_____	○	○	○	○	○	○	○
_____	○	○	○	○	○	○	○
_____	○	○	○	○	○	○	○

NOTAS

Ayer

¿Como fue mi día ayer? ¿Puedo observar algún momento de pensamiento, palabras o acciones negativas?

Sí ☐   No ☐

Haré una Rueda de Enfoque y me sentiré mejor.
¡Un día a la VEZ!

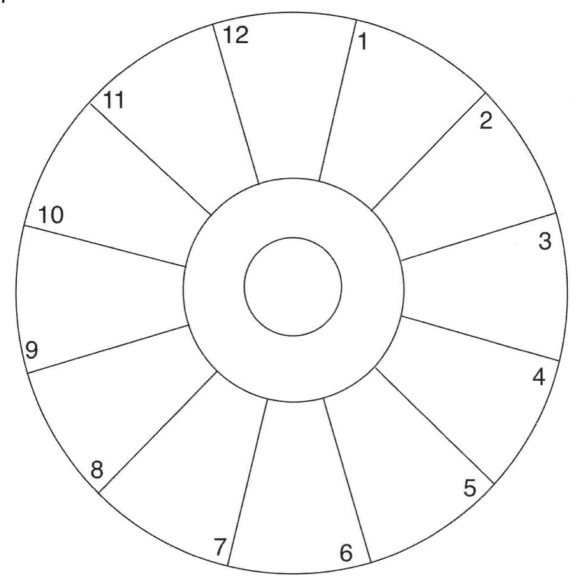

Mis Planes y Visualizaciones

_____
_____
_____
_____
_____
_____
_____
_____
_____
_____
_____
_____
_____
_____

Hoy es un día maravilloso

FECHA:

YO APRECIO :

. ...
. ...
. ...
. ...
. ...

TAREAS HOY:

! URGENTE !

ESTA SEMANA VOY A:

leer ☐
meditar ☐
beber agua ☐
comer vegetales ☐
comer frutas ☐
beber jugo Verde ☐
tomar suplementos ☐
hacer ejercicios ☐
aprender ☐

METAS PLAN

SALUD	ESPIRITUAL	FINANZAS	RELACIONES

Esta Semana

TAREA	D	L	K	M	J	V	S
_____	◯	◯	◯	◯	◯	◯	◯
_____	◯	◯	◯	◯	◯	◯	◯
_____	◯	◯	◯	◯	◯	◯	◯
_____	◯	◯	◯	◯	◯	◯	◯
_____	◯	◯	◯	◯	◯	◯	◯
_____	◯	◯	◯	◯	◯	◯	◯
_____	◯	◯	◯	◯	◯	◯	◯
_____	◯	◯	◯	◯	◯	◯	◯
_____	◯	◯	◯	◯	◯	◯	◯
_____	◯	◯	◯	◯	◯	◯	◯
_____	◯	◯	◯	◯	◯	◯	◯
_____	◯	◯	◯	◯	◯	◯	◯

NOTAS

Mis Planes y Visualizaciones

Hoy es un día maravilloso

FECHA:

YO APRECIO :
-
-
-
-
-

TAREAS HOY:

! URGENTE !

ESTA SEMANA VOY A:

leer ☐
meditar ☐
beber agua ☐
comer vegetales ☐
comer frutas ☐
beber jugo Verde ☐
tomar suplementos ☐
hacer ejercicios ☐
aprender ☐

METAS PLAN

SALUD	ESPIRITUAL	FINANZAS	RELACIONES

Ayer

¿Como fue mi día ayer? ¿Puedo observar algún momento de pensamiento, palabras o acciones negativas?

Sí ☐   No ☐

Haré una Rueda de Enfoque y me sentiré mejor.
¡Un día a la VEZ!

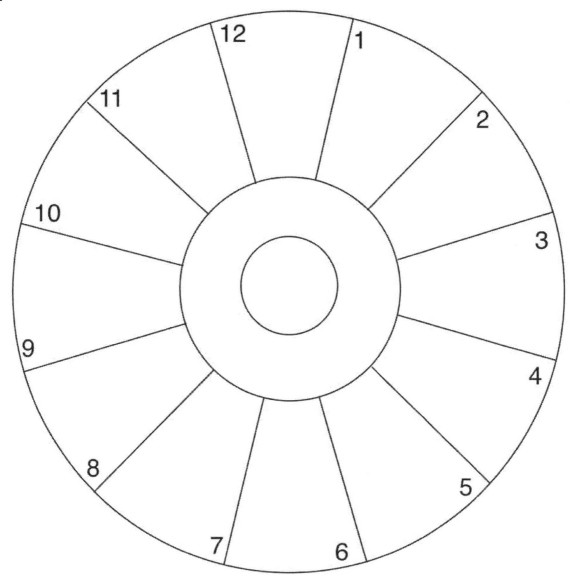

Mis Planes y Visualizaciones

_____
_____
_____
_____
_____
_____
_____
_____
_____
_____
_____

_____
_____
_____
_____
_____
_____
_____
_____
_____
_____
_____

Reviso Mis Metas

META

-
-

SIGNIFICADO PARA MI

! URGENCIA !

- ☐ 1 día
- ☐ 1 semana
- ☐ 1 mes
- ☐ 1 año
- ☐ otro

PERSONAS CON LAS QUE PUEDO CONTAR:

PUNTOS DE ACCIÓN Y ESTRATEGIAS

RECURSOS NECESARIOS

RETOS:

RECOMPENSAS:

☐ Meta Completada   Fecha:_____

¿QUÉ FUNCIONO? & ¿POR QUÉ?:

SI NO FUE COMPLETADA, ¿QUÉ PUEDO HACER DIFERENTE?

¿Continuaras caminando hacia esta meta?
☐ SI   ☐ NO

PENSAMIENTO:

¿Cuál es el Hábito?

DESCRIBE CUAL ES EL HÁBITO QUE DESEAS TRABAJAR:

ESTE HÁBITO ES: POSITIVO   NEGATIVO

¿QUÉ PROVOCA O MOTIVA EL HÁBITO?

¿CÓMO SE PODRÁ RECOMPENSAR... LOGRAR EL BUEN HÁBITO O ROMPER EL MAL HÁBITO?

DOCUMENTA EL PROGRESO:

¿Funcionó el plan?

SI, PORQUE:	NO, PORQUE:

¡Continua NO te detengas!

DESCRIBE TU PLAN PARA EL ÉXITO FUTURO:

Evalúa

CONTESTA ESTAS PREGUNTAS:

@ ¿QUÉ HACES PARA MANTENERTE MOTIVADA A SEGUIR TU PLAN?

@ ¿CUÁLES FUERON LOS PLANES QUE MEJOR FUNCIONARON?

@ ¿QUÉ COSAS NUEVAS APRENDISTE SOBRE TI?

@ ¿COMPARTISTE TUS METAS CON OTROS? ¿ESO TE AYUDÓ A SER RESPONSABLE?

@ LOS CONTRATIEMPOS SON PARTE DE LA VIDA. ¿QUÉ APRENDISTE DE TUS CONTRATIEMPOS?

Siempre siente orgullo de tus logros por pequeños que sean:

O _____   O _____   O _____

O _____   O _____   O _____

O _____   O _____   O _____

Pensamientos

ESCRIBE LO QUE FUNCIONÓ,
LO QUE NO FUNCIONÓ, ETC.

Reconocer

LAS COSAS BUENAS
3 COSAS QUE AMAS:

EN QUE ESTAS TRABAJANDO CON ENFOQUE:

ALGO QUE ESPERAS CON ANSIAS:

Algo que has hecho para tu MEJORAMIENTO PERSONAL:

3 PERSONAS CON LA QUE PUEDES CONTAR:

ALGO QUE APRENDISTE ESTA SEMANA:

ENUMERA LAS COSAS QUE APRECIAS:

-
-
-
-
-

ENUMERE PEQUEÑAS FORMAS EN LAS QUE PUEDES COMPARTIR TU GRATITUD:

-
-

Mes 8

"Lo único imposible es aquello
que no intentas."

@Lizzie Santiago-YourBest U Club

Metas para este mes:

_____

- -

_____

- -

_____

- -

_____

¿Qué acciones tomare ?:

- -

_____

_____

- -

_____

_____

- -

_____

Hoy es un día maravilloso

FECHA:

YO APRECIO :

- .
- .
- .
- .
- .

TAREAS HOY:

! URGENTE !

ESTA SEMANA VOY A:

leer ☐

meditar ☐

beber agua ☐

comer vegetales ☐

comer frutas ☐

beber jugo Verde ☐

tomar suplementos ☐

hacer ejercicios ☐

aprender ☐

METAS PLAN

SALUD	ESPIRITUAL	FINANZAS	RELACIONES

Esta Semana

TAREA	D	L	K	M	J	V	S
_____	◯	◯	◯	⬤	◯	◯	◯
_____	◯	◯	◯	◯	◯	◯	◯
_____	◯	◯	◯	◯	◯	◯	◯
_____	◯	◯	◯	◯	◯	◯	◯
_____	◯	◯	◯	◯	◯	◯	◯
_____	◯	◯	◯	◯	◯	◯	◯
_____	◯	◯	◯	◯	◯	◯	◯
_____	◯	◯	◯	◯	◯	◯	◯
_____	◯	◯	◯	◯	◯	◯	◯
_____	◯	◯	◯	◯	◯	◯	◯
_____	◯	◯	◯	◯	◯	◯	◯
_____	◯	◯	◯	◯	◯	◯	◯

NOTAS

Mis Planes y Visualizaciones

Hoy es un día maravilloso

FECHA:

YO APRECIO :

- -
- -
- -
- -
- -

TAREAS HOY:

! URGENTE !

ESTA SEMANA VOY A:

leer ☐
meditar ☐
beber agua ☐
comer vegetales ☐
comer frutas ☐
beber jugo Verde ☐
tomar suplementos ☐
hacer ejercicios ☐
aprender ☐

METAS PLAN

SALUD	ESPIRITUAL	FINANZAS	RELACIONES

Esta Semana

TAREA	D	L	K	M	J	V	S
_____	◯	◯	◯	◯	◯	◯	◯
_____	◯	◯	◯	◯	◯	◯	◯
_____	◯	◯	◯	◯	◯	◯	◯
_____	◯	◯	◯	◯	◯	◯	◯
_____	◯	◯	◯	◯	◯	◯	◯
_____	◯	◯	◯	◯	◯	◯	◯
_____	◯	◯	◯	◯	◯	◯	◯
_____	◯	◯	◯	◯	◯	◯	◯
_____	◯	◯	◯	◯	◯	◯	◯
_____	◯	◯	◯	◯	◯	◯	◯
_____	◯	◯	◯	◯	◯	◯	◯
_____	◯	◯	◯	◯	◯	◯	◯

NOTAS

Ayer

¿Como fue mi día ayer? ¿Puedo observar algún momento de pensamiento, palabras o acciones negativas?

Sí ☐   No ☐

Haré una Rueda de Enfoque y me sentiré mejor.
¡Un día a la VEZ!

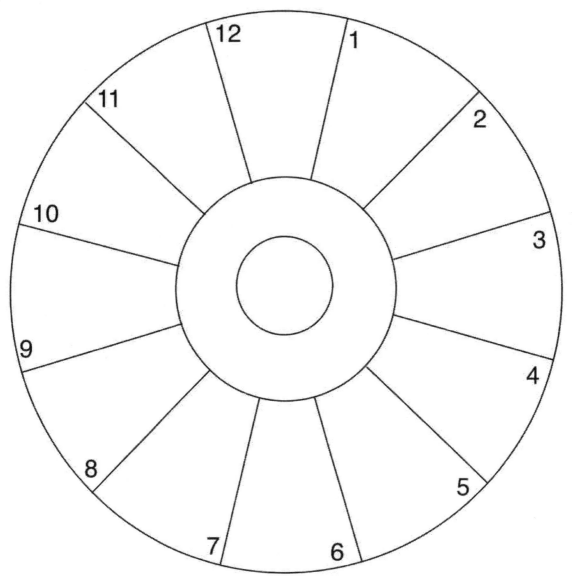

Mis Planes y Visualizaciones

_____
_____
_____
_____
_____
_____
_____
_____
_____
_____
_____
_____
_____
_____
_____
_____
_____
_____
_____
_____
_____
_____

Hoy es un día maravilloso

FECHA:

YO APRECIO :
-
-
-
-
-

TAREAS HOY:

☐
☐
☐
☐
☐
☐

! URGENTE !

ESTA SEMANA VOY A:

leer ☐
meditar ☐
beber agua ☐
comer vegetales ☐
comer frutas ☐
beber jugo Verde ☐
tomar suplementos ☐
hacer ejercicios ☐
aprender ☐

METAS PLAN	SALUD	ESPIRITUAL	FINANZAS	RELACIONES

Esta Semana

TAREA	D	L	K	M	J	V	S
_____	○	○	○	⦾	○	○	○
_____	○	○	○	○	○	○	○
_____	○	○	○	○	○	○	○
_____	○	○	○	○	○	○	○
_____	○	○	○	○	○	○	○
_____	○	○	○	○	○	○	○
_____	○	○	○	○	○	○	○
_____	○	○	○	○	○	○	○
_____	○	○	○	○	○	○	○
_____	○	○	○	○	○	○	○
_____	○	○	○	○	○	○	○
_____	○	○	○	○	○	○	○

NOTAS

Mis Planes y Visualizaciones

_____

_____

_____

_____

_____

_____

_____

_____

_____

_____

_____

_____

_____

_____

_____

_____

_____

_____

Hoy es un día maravilloso

FECHA:

YO APRECIO :

-
-
-
-
-

TAREAS HOY:

- ⬭
- ⬭
- ⬭
- ⬭
- ⬭
- ⬭

! URGENTE !

ESTA SEMANA VOY A:

leer ☐

meditar ☐

beber agua ☐

comer vegetales ☐

comer frutas ☐

beber jugo Verde ☐

tomar suplementos ☐

hacer ejercicios ☐

aprender ☐

METAS PLAN

SALUD	ESPIRITUAL	FINANZAS	RELACIONES

Ayer

¿Como fue mi día ayer? ¿Puedo observar algún momento de pensamiento, palabras o acciones negativas?

Sí ☐   No ☐

Haré una Rueda de Enfoque y me sentiré mejor.
¡Un día a la VEZ!

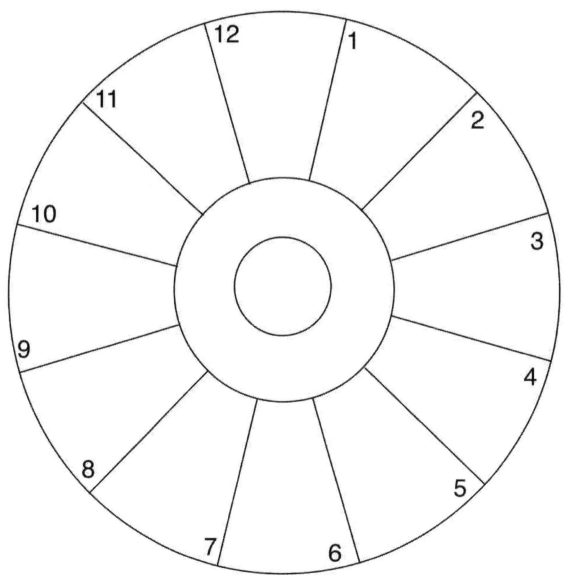

Mis Planes y Visualizaciones

Reviso Mis Metas

META

-
-

SIGNIFICADO PARA MI

-
-

! URGENCIA !

- [ ] 1 día
- [ ] 1 semana
- [ ] 1 mes
- [ ] 1 año
- [ ] otro

PERSONAS CON LAS QUE PUEDO CONTAR:

PUNTOS DE ACCIÓN Y ESTRATEGIAS

RECURSOS NECESARIOS

RETOS:

RECOMPENSAS:

☐ Meta Completada   Fecha:_____

¿QUÉ FUNCIONO? & ¿POR QUÉ?

SI NO FUE COMPLETADA, ¿QUÉ PUEDO HACER DIFERENTE?

¿Continuaras caminando hacia esta meta?

☐ SI   ☐ NO

PENSAMIENTO:

¿Cuál es el Hábito?

DESCRIBE CUAL ES EL HÁBITO QUE DESEAS TRABAJAR:

ESTE HÁBITO ES: ☐ POSITIVO ☐ NEGATIVO

¿QUÉ PROVOCA O MOTIVA EL HÁBITO?

¿CÓMO SE PODRÁ RECOMPENSAR... LOGRAR EL BUEN HÁBITO O ROMPER EL MAL HÁBITO?

DOCUMENTA EL PROGRESO:

¿Funcionó el plan?

SI, PORQUE:	NO, PORQUE:

!Continua NO te detengas!

DESCRIBE TU PLAN PARA EL ÉXITO FUTURO:

Evalúa

@ ¿QUÉ HACES PARA MANTENERTE MOTIVADA A SEGUIR TU PLAN?

@ ¿CUÁLES FUERON LOS PLANES QUE MEJOR FUNCIONARON?

@ ¿QUÉ COSAS NUEVAS APRENDISTE SOBRE TI?

@ ¿COMPARTISTE TUS METAS CON OTROS? ¿ESO TE AYUDÓ A SER RESPONSABLE?

@ LOS CONTRATIEMPOS SON PARTE DE LA VIDA. ¿QUÉ APRENDISTE DE TUS CONTRATIEMPOS?

Siempre siente orgullo de tus logros por pequeños que sean:

Pensamientos

Reconocer

LAS COSAS BUENAS
3 COSAS QUE AMAS:

EN QUE ESTAS TRABAJANDO CON ENFOQUE:

ALGO QUE ESPERAS CON ANSIAS:

Algo que has hecho para tu MEJORAMIENTO PERSONAL:

3 PERSONAS CON LA QUE PUEDES CONTAR:

ALGO QUE APRENDISTE ESTA SEMANA:

ENUMERA LAS COSAS QUE APRECIAS:

-
-
-
-
-

ENUMERE PEQUEÑAS FORMAS EN LAS QUE PUEDES COMPARTIR TU GRATITUD:

-
-

Mes 9

"Preocuparte,
es usar tu imaginación
para crear algo que no deseas."

@Abraham Hicks

Metas para este mes:

_____

- -

_____

_____

- -

_____

- -

¿Qué acciones tomare ?:

- -

_____

_____

- -

_____

_____

- -

_____

Hoy es un día maravilloso

YO APRECIO :

-
-
-
-
-

FECHA:

TAREAS HOY:

! URGENTE !

ESTA SEMANA VOY A:

leer ☐

meditar ☐

beber agua ☐

comer vegetales ☐

comer frutas ☐

beber jugo Verde ☐

tomar suplementos ☐

hacer ejercicios ☐

aprender ☐

METAS PLAN	SALUD	ESPIRITUAL	FINANZAS	RELACIONES

Esta Semana

TAREA	D	L	K	M	J	V	S
_____	◯	◯	◯	◯	◯	◯	◯
_____	◯	◯	◯	◯	◯	◯	◯
_____	◯	◯	◯	◯	◯	◯	◯
_____	◯	◯	◯	◯	◯	◯	◯
_____	◯	◯	◯	◯	◯	◯	◯
_____	◯	◯	◯	◯	◯	◯	◯
_____	◯	◯	◯	◯	◯	◯	◯
_____	◯	◯	◯	◯	◯	◯	◯
_____	◯	◯	◯	◯	◯	◯	◯
_____	◯	◯	◯	◯	◯	◯	◯
_____	◯	◯	◯	◯	◯	◯	◯
_____	◯	◯	◯	◯	◯	◯	◯

NOTAS

Mis Planes y Visualizaciones

_____
_____
_____
_____
_____
_____
_____
_____
_____
_____
_____
_____
_____
_____
_____
_____
_____

Hoy es un día maravilloso

FECHA:

YO APRECIO :

- :
- :
- :
- :
- :

TAREAS HOY:

- [ ]
- [ ]
- [ ]
- [ ]
- [ ]
- [ ]

! URGENTE !

ESTA SEMANA VOY A:

leer [ ]

meditar [ ]

beber agua [ ]

comer vegetales [ ]

comer frutas [ ]

beber jugo Verde [ ]

tomar suplementos [ ]

hacer ejercicios [ ]

aprender [ ]

METAS PLAN

SALUD	ESPIRITUAL	FINANZAS	RELACIONES

Esta Semana

TAREA	D	L	K	M	J	V	S
_____	○	○	○	◯	○	○	○
_____	○	○	○	○	○	○	○
_____	○	○	○	○	○	○	○
_____	○	○	○	○	○	○	○
_____	○	○	○	○	○	○	○
_____	○	○	○	○	○	○	○
_____	○	○	○	○	○	○	○
_____	○	○	○	○	○	○	○
_____	○	○	○	○	○	○	○
_____	○	○	○	○	○	○	○
_____	○	○	○	○	○	○	○
_____	○	○	○	○	○	○	○

NOTAS

Ayer

¿Como fue mi día ayer? ¿Puedo observar algún momento de pensamiento, palabras o acciones negativas?

Sí ☐   No ☐

Haré una Rueda de Enfoque y me sentiré mejor.
¡Un día a la VEZ!

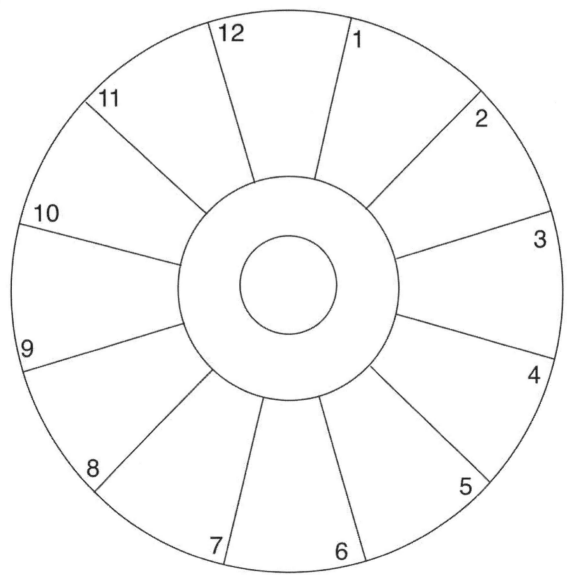

Mis Planes y Visualizaciones

Hoy es un día maravilloso

FECHA:

YO APRECIO :

-
-
-
-
-

TAREAS HOY:

- ▭
- ▭
- ▭
- ▭
- ▭
- ▭

! URGENTE !

ESTA SEMANA VOY A:

leer ☐

meditar ☐

beber agua ☐

comer vegetales ☐

comer frutas ☐

beber jugo Verde ☐

tomar suplementos ☐

hacer ejercicios ☐

aprender ☐

METAS PLAN

SALUD	ESPIRITUAL	FINANZAS	RELACIONES

Esta Semana

TAREA	D	L	K	M	J	V	S
_____	○	○	○	○	○	○	○
_____	○	○	○	○	○	○	○
_____	○	○	○	○	○	○	○
_____	○	○	○	○	○	○	○
_____	○	○	○	○	○	○	○
_____	○	○	○	○	○	○	○
_____	○	○	○	○	○	○	○
_____	○	○	○	○	○	○	○
_____	○	○	○	○	○	○	○
_____	○	○	○	○	○	○	○
_____	○	○	○	○	○	○	○
_____	○	○	○	○	○	○	○

NOTAS

Mis Planes y Visualizaciones

_____
_____
_____
_____
_____
_____
_____
_____
_____
_____
_____
_____
_____
_____
_____
_____
_____
_____

Hoy es un día maravilloso

FECHA:

YO APRECIO :

-
-
-
-
-

TAREAS HOY:

! URGENTE !

ESTA SEMANA VOY A:

leer ☐
meditar ☐
beber agua ☐
comer vegetales ☐
comer frutas ☐
beber jugo Verde ☐
tomar suplementos ☐
hacer ejercicios ☐
aprender ☐

METAS PLAN

SALUD	ESPIRITUAL	FINANZAS	RELACIONES

Ayer

¿Como fue mi día ayer? ¿Puedo observar algún momento de pensamiento, palabras o acciones negativas?

Sí ☐   No ☐

Haré una Rueda de Enfoque y me sentiré mejor.
¡Un día a la VEZ!

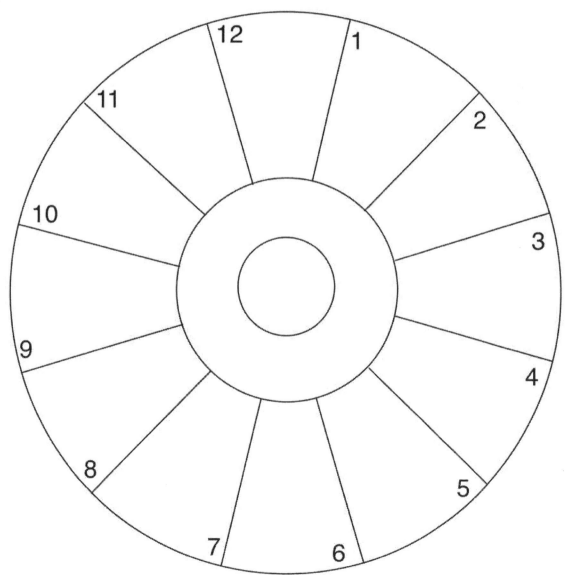

Mis Planes y Visualizaciones

Reviso Mis Metas

META

-

-

SIGNIFICADO PARA MI

-

-

PUNTOS DE ACCIÓN Y ESTRATEGIAS

! URGENCIA !

☐ 1 día ☐ 1 año

☐ 1 semana ☐ otro

☐ 1 mes

PERSONAS CON LAS QUE PUEDO CONTAR:

RECURSOS NECESARIOS

RETOS:

RECOMPENSAS:

☐ Meta Completada   Fecha:_____

¿QUÉ FUNCIONO? & ¿POR QUÉ?:

SI NO FUE COMPLETADA, ¿QUÉ PUEDO HACER DIFERENTE?

¿Continuaras caminando hacia esta meta?

☐ SI   ☐ NO

PENSAMIENTO:

¿Cuál es el Hábito?

DESCRIBE CUAL ES EL HÁBITO QUE DESEAS TRABAJAR:

ESTE HÁBITO ES: POSITIVO   NEGATIVO

¿QUÉ PROVOCA O MOTIVA EL HÁBITO?

¿CÓMO SE PODRÁ RECOMPENSAR… LOGRAR EL BUEN HÁBITO O ROMPER EL MAL HÁBITO?

DOCUMENTA EL PROGRESO:

¿Funcionó el plan?

SI, PORQUE:	NO, PORQUE:

!Continua NO te detengas!

DESCRIBE TU PLAN PARA EL ÉXITO FUTURO:

Evalúa

CONTESTA ESTAS PREGUNTAS:

@ ¿QUÉ HACES PARA MANTENERTE MOTIVADA A SEGUIR TU PLAN?

@ ¿CUÁLES FUERON LOS PLANES QUE MEJOR FUNCIONARON?

@ ¿QUÉ COSAS NUEVAS APRENDISTE SOBRE TI?

@ ¿COMPARTISTE TUS METAS CON OTROS? ¿ESO TE AYUDÓ A SER RESPONSABLE?

@ LOS CONTRATIEMPOS SON PARTE DE LA VIDA. ¿QUÉ APRENDISTE DE TUS CONTRATIEMPOS?

Siempre siente orgullo de tus logros por pequeños que sean:

○ _____   ○ _____   ○ _____

○ _____   ○ _____   ○ _____

○ _____   ○ _____   ○ _____

Pensamientos

Reconocer

LAS COSAS BUENAS
3 COSAS QUE AMAS:

EN QUE ESTAS TRABAJANDO CON ENFOQUE:

ALGO QUE ESPERAS CON ANSIAS:

Algo que has hecho para tu MEJORAMIENTO PERSONAL:

3 PERSONAS CON LA QUE PUEDES CONTAR:

ALGO QUE APRENDISTE ESTA SEMANA:

ENUMERA LAS COSAS QUE APRECIAS:

-
-
-
-
-

ENUMERE PEQUEÑAS FORMAS EN LAS QUE PUEDES COMPARTIR TU GRATITUD:

-
-

Mes 10

"Si puedes visualizar
lo que deseas,
es que ya está en camino."

@Abraham Hicks

Metas para este mes:

_____

- - - - - - - - - - - - - - - - - -

_____

_____

- - - - - - - - - - - - - - - - - -

_____

_____

- - - - - - - - - - - - - - - - - -

¿Qué acciones tomare ?:

_____

- - - - - - - - - - - - - - - - - -

_____

_____

- - - - - - - - - - - - - - - - - -

_____

_____

- - - - - - - - - - - - - - - - - -

_____

Hoy es un día maravilloso

FECHA:

- :
- :
- :
- :
- :

TAREAS HOY:

- [ ]
- [ ]
- [ ]
- [ ]
- [ ]
- [ ]

! URGENTE !

ESTA SEMANA VOY A:

- leer [ ]
- meditar [ ]
- beber agua [ ]
- comer vegetales [ ]
- comer frutas [ ]
- beber jugo Verde [ ]
- tomar suplementos [ ]
- hacer ejercicios [ ]
- aprender [ ]

METAS PLAN

SALUD	ESPIRITUAL	FINANZAS	RELACIONES

Esta Semana

TAREA	D	L	K	M	J	V	S
_____	◯	◯	◯	◯	◯	◯	◯
_____	◯	◯	◯	◯	◯	◯	◯
_____	◯	◯	◯	◯	◯	◯	◯
_____	◯	◯	◯	◯	◯	◯	◯
_____	◯	◯	◯	◯	◯	◯	◯
_____	◯	◯	◯	◯	◯	◯	◯
_____	◯	◯	◯	◯	◯	◯	◯
_____	◯	◯	◯	◯	◯	◯	◯
_____	◯	◯	◯	◯	◯	◯	◯
_____	◯	◯	◯	◯	◯	◯	◯
_____	◯	◯	◯	◯	◯	◯	◯
_____	◯	◯	◯	◯	◯	◯	◯

NOTAS

Mis Planes y Visualizaciones

Hoy es un día maravilloso

FECHA:

YO APRECIO :
-
-
-
-
-

TAREAS HOY:

! URGENTE !

ESTA SEMANA VOY A:

leer ☐
meditar ☐
beber agua ☐
comer vegetales ☐
comer frutas ☐
beber jugo Verde ☐
tomar suplementos ☐
hacer ejercicios ☐
aprender ☐

METAS PLAN	SALUD	ESPIRITUAL	FINANZAS	RELACIONES

Esta Semana

TAREA	D	L	K	M	J	V	S
_____	○	○	○	◯	○	○	○
_____	○	○	○	○	○	○	○
_____	○	○	○	○	○	○	○
_____	○	○	○	○	○	○	○
_____	○	○	○	○	○	○	○
_____	○	○	○	○	○	○	○
_____	○	○	○	○	○	○	○
_____	○	○	○	○	○	○	○
_____	○	○	○	○	○	○	○
_____	○	○	○	○	○	○	○
_____	○	○	○	○	○	○	○
_____	○	○	○	○	○	○	○

NOTAS

Ayer

¿Como fue mi día ayer? ¿Puedo observar algún momento de pensamiento, palabras o acciones negativas?

Sí ☐   No ☐

Haré una Rueda de Enfoque y me sentiré mejor.
¡Un día a la VEZ!

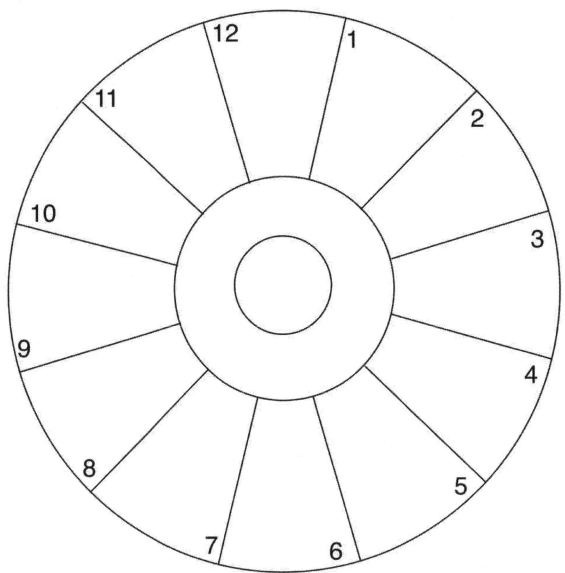

Mis Planes y Visualizaciones

_____
_____
_____
_____
_____
_____
_____
_____
_____
_____
_____
_____
_____

_____
_____
_____
_____
_____
_____
_____
_____
_____
_____
_____
_____
_____
_____

Hoy es un día maravilloso

YO APRECIO :

-
-
-
-
-

FECHA:

TAREAS HOY:

! URGENTE !

ESTA SEMANA VOY A:

leer ☐

meditar ☐

beber agua ☐

comer vegetales ☐

comer frutas ☐

beber jugo Verde ☐

tomar suplementos ☐

hacer ejercicios ☐

aprender ☐

METAS PLAN

SALUD	ESPIRITUAL	FINANZAS	RELACIONES

Esta Semana

TAREA	D	L	K	M	J	V	S
_____	◯	◯	◯	◯	◯	◯	◯
_____	◯	◯	◯	◯	◯	◯	◯
_____	◯	◯	◯	◯	◯	◯	◯
_____	◯	◯	◯	◯	◯	◯	◯
_____	◯	◯	◯	◯	◯	◯	◯
_____	◯	◯	◯	◯	◯	◯	◯
_____	◯	◯	◯	◯	◯	◯	◯
_____	◯	◯	◯	◯	◯	◯	◯
_____	◯	◯	◯	◯	◯	◯	◯
_____	◯	◯	◯	◯	◯	◯	◯
_____	◯	◯	◯	◯	◯	◯	◯
_____	◯	◯	◯	◯	◯	◯	◯

NOTAS

Mis Planes y Visualizaciones

_____   _____
_____   _____
_____   _____
_____   _____
_____   _____
_____   _____
_____   _____
_____   _____
_____   _____
_____   _____
_____   _____
_____   _____

Hoy es un día maravilloso

FECHA:

YO APRECIO :

- :
- :
- :
- :
- :

TAREAS HOY:

( )

( )

( )

( )

( )

( )

! URGENTE !

ESTA SEMANA VOY A:

leer ☐

meditar ☐

beber agua ☐

comer vegetales ☐

comer frutas ☐

beber jugo Verde ☐

tomar suplementos ☐

hacer ejercicios ☐

aprender ☐

METAS PLAN

SALUD	ESPIRITUAL	FINANZAS	RELACIONES

Ayer

¿Como fue mi día ayer? ¿Puedo observar algún momento de pensamiento, palabras o acciones negativas?

Sí ☐   No ☐

Haré una Rueda de Enfoque y me sentiré mejor.
¡Un día a la VEZ!

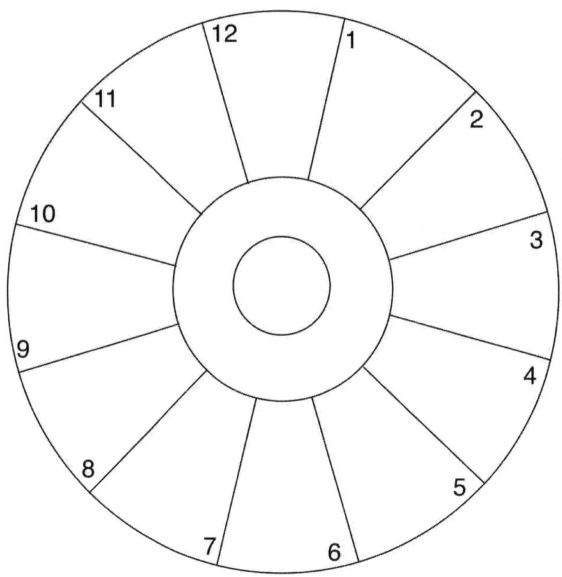

Mis Planes y Visualizaciones

Reviso Mis Metas

META

-
-

SIGNIFICADO PARA MI

PUNTOS DE ACCIÓN Y ESTRATEGIAS

! URGENCIA !

☐ 1 día   ☐ 1 año
☐ 1 semana   ☐ otro
☐ 1 mes

PERSONAS CON LAS QUE PUEDO CONTAR:

RECURSOS NECESARIOS

RETOS:

RECOMPENSAS:

Meta Completada   Fecha:_____

¿QUÉ FUNCIONO? & ¿POR QUÉ?:

**SI NO FUE COMPLETADA,
¿QUÉ PUEDO HACER DIFERENTE?**

¿Continuaras caminando hacia esta meta?
          SI   NO

PENSAMIENTO:

¿Cuál es el Hábito?

DESCRIBE CUAL ES EL HÁBITO QUE DESEAS TRABAJAR:

ESTE HÁBITO ES: POSITIVO NEGATIVO

¿QUÉ PROVOCA O MOTIVA EL HÁBITO?

¿CÓMO SE PODRÁ RECOMPENSAR... LOGRAR EL BUEN HÁBITO O ROMPER EL MAL HÁBITO?

DOCUMENTA EL PROGRESO:

¿Funcionó el plan?

SI, PORQUE:	NO, PORQUE:

!Continua NO te detengas!

DESCRIBE TU PLAN PARA EL ÉXITO FUTURO:

Evalúa

CONTESTA ESTAS PREGUNTAS:

@ ¿QUÉ HACES PARA MANTENERTE MOTIVADA A SEGUIR TU PLAN?

@ ¿CUÁLES FUERON LOS PLANES QUE MEJOR FUNCIONARON?

@ ¿QUÉ COSAS NUEVAS APRENDISTE SOBRE TI?

@ ¿COMPARTISTE TUS METAS CON OTROS? ¿ESO TE AYUDÓ A SER RESPONSABLE?

@ LOS CONTRATIEMPOS SON PARTE DE LA VIDA. ¿QUÉ APRENDISTE DE TUS CONTRATIEMPOS?

Siempre siente orgullo de tus logros por pequeños que sean:

Pensamientos

ESCRIBE LO QUE FUNCIONÓ,
LO QUE NO FUNCIONÓ, ETC.

Reconocer

LAS COSAS BUENAS
3 COSAS QUE AMAS:

EN QUE ESTAS TRABAJANDO CON ENFOQUE:

ALGO QUE ESPERAS CON ANSIAS:

Algo que has hecho para tu MEJORAMIENTO PERSONAL:

3 PERSONAS CON LA QUE PUEDES CONTAR:

ALGO QUE APRENDISTE ESTA SEMANA:

ENUMERA LAS COSAS QUE APRECIAS:

-
-
-
-
-

ENUMERE PEQUEÑAS FORMAS EN LAS QUE PUEDES COMPARTIR TU GRATITUD:

-
-

Mes 11

"El futuro le pertenece a quienes creen en la belleza de sus sueños."

Eleanor Roosevelt

Metas para este mes:

_____

- - - - - - - - - - - - - - - - - -

_____

- - - - - - - - - - - - - - - - - -

_____

- - - - - - - - - - - - - - - - - -

_____

¿Qué acciones tomare ?:

- - - - - - - - - - - - - - - - - -

_____

- - - - - - - - - - - - - - - - - -

_____

- - - - - - - - - - - - - - - - - -

_____

Hoy es un día maravilloso

YO APRECIO :

-
-
-
-
-

FECHA:

TAREAS HOY:

! URGENTE !

ESTA SEMANA VOY A:

leer ☐

meditar ☐

beber agua ☐

comer vegetales ☐

comer frutas ☐

beber jugo Verde ☐

tomar suplementos ☐

hacer ejercicios ☐

aprender ☐

METAS PLAN

SALUD	ESPIRITUAL	FINANZAS	RELACIONES

Esta Semana

TAREA	D	L	K	M	J	V	S
_____	○	○	○	○	○	○	○
_____	○	○	○	○	○	○	○
_____	○	○	○	○	○	○	○
_____	○	○	○	○	○	○	○
_____	○	○	○	○	○	○	○
_____	○	○	○	○	○	○	○
_____	○	○	○	○	○	○	○
_____	○	○	○	○	○	○	○
_____	○	○	○	○	○	○	○
_____	○	○	○	○	○	○	○
_____	○	○	○	○	○	○	○
_____	○	○	○	○	○	○	○

NOTAS

Mis Planes y Visualizaciones

_____   _____
_____   _____
_____   _____
_____   _____
_____   _____
_____   _____
_____   _____
_____   _____
_____   _____
_____   _____
_____   _____
_____   _____
_____   _____

Hoy es un día maravilloso

FECHA:

YO APRECIO :

- .
- .
- .
- .
- .

TAREAS HOY:

- ( )
- ( )
- ( )
- ( )
- ( )
- ( )

! URGENTE !

ESTA SEMANA VOY A:

leer ☐

meditar ☐

beber agua ☐

comer vegetales ☐

comer frutas ☐

beber jugo Verde ☐

tomar suplementos ☐

hacer ejercicios ☐

aprender ☐

METAS PLAN

SALUD	ESPIRITUAL	FINANZAS	RELACIONES

Esta Semana

TAREA	D	L	K	M	J	V	S
_____	○	○	○	◎	○	○	○
_____	○	○	○	○	○	○	○
_____	○	○	○	○	○	○	○
_____	○	○	○	○	○	○	○
_____	○	○	○	○	○	○	○
_____	○	○	○	○	○	○	○
_____	○	○	○	○	○	○	○
_____	○	○	○	○	○	○	○
_____	○	○	○	○	○	○	○
_____	○	○	○	○	○	○	○
_____	○	○	○	○	○	○	○
_____	○	○	○	○	○	○	○

NOTAS

Ayer

¿Como fue mi día ayer? ¿Puedo observar algún momento de pensamiento, palabras o acciones negativas?

Sí ☐   No ☐

Haré una Rueda de Enfoque y me sentiré mejor.
¡Un día a la VEZ!

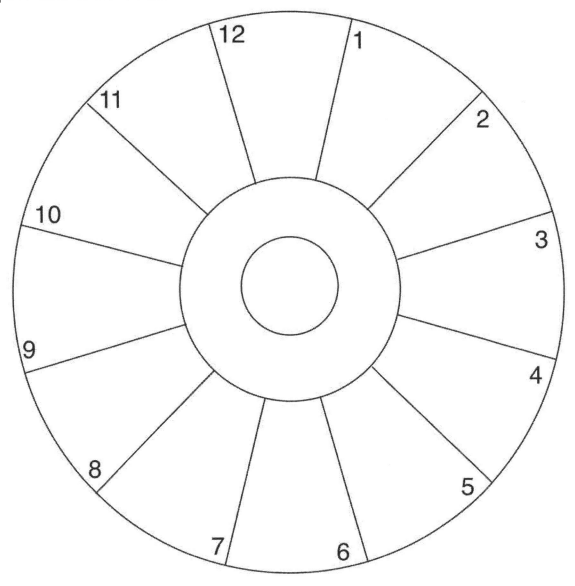

Mis Planes y Visualizaciones

_____
_____
_____
_____
_____
_____
_____
_____
_____
_____
_____
_____
_____

Hoy es un día maravilloso

FECHA:

YO APRECIO :

-
-
-
-
-

TAREAS HOY:

- [ ]
- [ ]
- [ ]
- [ ]
- [ ]
- [ ]

! URGENTE !

ESTA SEMANA VOY A:

leer ☐
meditar ☐
beber agua ☐
comer vegetales ☐
comer frutas ☐
beber jugo Verde ☐
tomar suplementos ☐
hacer ejercicios ☐
aprender ☐

METAS PLAN

SALUD	ESPIRITUAL	FINANZAS	RELACIONES

Esta Semana

TAREA	D	L	K	M	J	V	S
_____	○	○	○	⬤	○	○	○
_____	○	○	○	○	○	○	○
_____	○	○	○	○	○	○	○
_____	○	○	○	○	○	○	○
_____	○	○	○	○	○	○	○
_____	○	○	○	○	○	○	○
_____	○	○	○	○	○	○	○
_____	○	○	○	○	○	○	○
_____	○	○	○	○	○	○	○
_____	○	○	○	○	○	○	○
_____	○	○	○	○	○	○	○
_____	○	○	○	○	○	○	○

NOTAS

Mis Planes y Visualizaciones

Hoy es un día maravilloso

FECHA:

YO APRECIO :

-
-
-
-
-

TAREAS HOY:

! URGENTE !

ESTA SEMANA VOY A:

leer ☐

meditar ☐

beber agua ☐

comer vegetales ☐

comer frutas ☐

beber jugo Verde ☐

tomar suplementos ☐

hacer ejercicios ☐

aprender ☐

METAS PLAN

SALUD	ESPIRITUAL	FINANZAS	RELACIONES

Ayer

¿Como fue mi día ayer? ¿Puedo observar algún momento de pensamiento, palabras o acciones negativas?

Sí ☐   No ☐

Haré una Rueda de Enfoque y me sentiré mejor.
¡Un día a la VEZ!

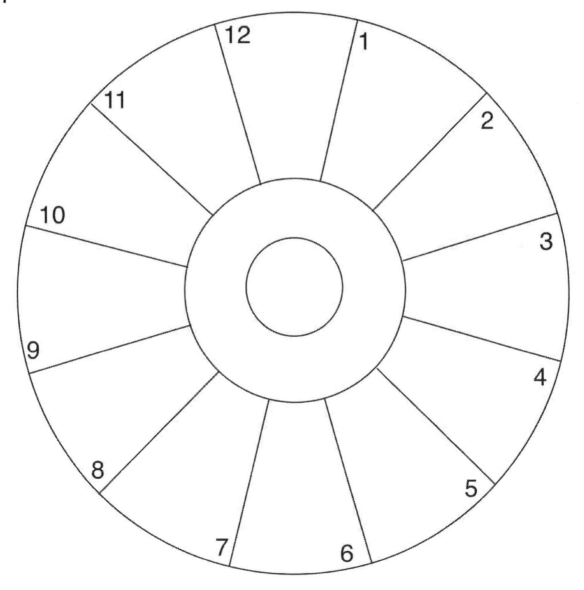

Mis Planes y Visualizaciones

Reviso Mis Metas

META

-
-

SIGNIFICADO PARA MI

PUNTOS DE ACCIÓN Y ESTRATEGIAS

! URGENCIA !

- ☐ 1 día
- ☐ 1 semana
- ☐ 1 mes
- ☐ 1 año
- ☐ otro

PERSONAS CON LAS QUE PUEDO CONTAR:

RECURSOS NECESARIOS

RETOS:

RECOMPENSAS:

☐ Meta Completada   Fecha:_____

¿QUÉ FUNCIONO? & ¿POR QUÉ?:

SI NO FUE COMPLETADA, ¿QUÉ PUEDO HACER DIFERENTE?

¿Continuaras caminando hacia esta meta?
☐ SI   ☐ NO

PENSAMIENTO:

¿Cuál es el Hábito?

DESCRIBE CUAL ES EL HÁBITO QUE DESEAS TRABAJAR:

ESTE HÁBITO ES: POSITIVO   NEGATIVO

¿QUÉ PROVOCA O MOTIVA EL HÁBITO?

¿CÓMO SE PODRÁ RECOMPENSAR...
LOGRAR EL BUEN HÁBITO O
ROMPER EL MAL HÁBITO?

DOCUMENTA EL PROGRESO:

¿Funcionó el plan?

SI, PORQUE:	NO, PORQUE:

!Continua NO te detengas!

DESCRIBE TU PLAN PARA EL ÉXITO FUTURO:

Evalúa

CONTESTA ESTAS PREGUNTAS:

@ ¿QUÉ HACES PARA MANTENERTE MOTIVADA A SEGUIR TU PLAN?

@ ¿CUÁLES FUERON LOS PLANES QUE MEJOR FUNCIONARON?

@ ¿QUÉ COSAS NUEVAS APRENDISTE SOBRE TI?

@ ¿COMPARTISTE TUS METAS CON OTROS? ¿ESO TE AYUDÓ A SER RESPONSABLE?

@ LOS CONTRATIEMPOS SON PARTE DE LA VIDA. ¿QUÉ APRENDISTE DE TUS CONTRATIEMPOS?

Siempre siente orgullo de tus logros por pequeños que sean:

○ _____   ○ _____   ○ _____

○ _____   ○ _____   ○ _____

○ _____   ○ _____   ○ _____

Pensamientos

ESCRIBE LO QUE FUNCIONÓ,
LO QUE NO FUNCIONÓ, ETC.

Reconocer

LAS COSAS BUENAS
3 COSAS QUE AMAS:

EN QUE ESTAS TRABAJANDO CON ENFOQUE:

ALGO QUE ESPERAS CON ANSIAS:

Algo que has hecho para tu MEJORAMIENTO PERSONAL:

3 PERSONAS CON LA QUE PUEDES CONTAR:

ALGO QUE APRENDISTE ESTA SEMANA:

ENUMERA LAS COSAS QUE APRECIAS:

-
-
-
-
-

ENUMERE PEQUEÑAS FORMAS EN LAS QUE PUEDES COMPARTIR TU GRATITUD:

-
-

Mes 12

""La mejor manera
de predecir tu futuro
es crearlo".

Abraham Lincoln

Metas para este mes:

_____

- -

_____

_____

- -

_____

_____

- -

_____

¿Qué acciones tomare ?:

_____

- -

_____

_____

- -

_____

_____

- -

_____

Hoy es un día maravilloso

FECHA:

YO APRECIO :

-
-
-
-
-

TAREAS HOY:

-
-
-
-
-
-

! URGENTE !

ESTA SEMANA VOY A:

leer ☐
meditar ☐
beber agua ☐
comer vegetales ☐
comer frutas ☐
beber jugo Verde ☐
tomar suplementos ☐
hacer ejercicios ☐
aprender ☐

METAS PLAN

SALUD	ESPIRITUAL	FINANZAS	RELACIONES

Esta Semana

TAREA	D	L	K	M	J	V	S
_____	○	○	○	○	○	○	○
_____	○	○	○	○	○	○	○
_____	○	○	○	○	○	○	○
_____	○	○	○	○	○	○	○
_____	○	○	○	○	○	○	○
_____	○	○	○	○	○	○	○
_____	○	○	○	○	○	○	○
_____	○	○	○	○	○	○	○
_____	○	○	○	○	○	○	○
_____	○	○	○	○	○	○	○
_____	○	○	○	○	○	○	○
_____	○	○	○	○	○	○	○

NOTAS

Mis Planes y Visualizaciones

Hoy es un día maravilloso

FECHA:

YO APRECIO :

- -
- -
- -
- -
- -

TAREAS HOY:

! URGENTE !

ESTA SEMANA VOY A:

leer ☐
meditar ☐
beber agua ☐
comer vegetales ☐
comer frutas ☐
beber jugo Verde ☐
tomar suplementos ☐
hacer ejercicios ☐
aprender ☐

METAS PLAN

SALUD	ESPIRITUAL	FINANZAS	RELACIONES

Esta Semana

TAREA	D	L	K	M	J	V	S
_____	○	○	○	◯	○	○	○
_____	○	○	○	○	○	○	○
_____	○	○	○	○	○	○	○
_____	○	○	○	○	○	○	○
_____	○	○	○	○	○	○	○
_____	○	○	○	○	○	○	○
_____	○	○	○	○	○	○	○
_____	○	○	○	○	○	○	○
_____	○	○	○	○	○	○	○
_____	○	○	○	○	○	○	○
_____	○	○	○	○	○	○	○
_____	○	○	○	○	○	○	○

NOTAS

Ayer

¿Como fue mi día ayer? ¿Puedo observar algún momento de pensamiento, palabras o acciones negativas?

Sí ☐   No ☐

Haré una Rueda de Enfoque y me sentiré mejor.
¡Un día a la VEZ!

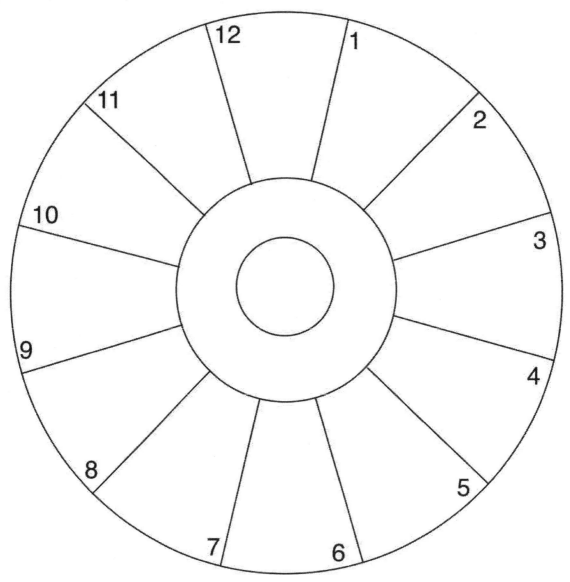

Mis Planes y Visualizaciones

Hoy es un día maravilloso

FECHA:

YO APRECIO :

- .
- .
- .
- .
- .

TAREAS HOY:

- [ ]
- [ ]
- [ ]
- [ ]
- [ ]
- [ ]

! URGENTE !

ESTA SEMANA VOY A:

- leer ☐
- meditar ☐
- beber agua ☐
- comer vegetales ☐
- comer frutas ☐
- beber jugo Verde ☐
- tomar suplementos ☐
- hacer ejercicios ☐
- aprender ☐

METAS PLAN

SALUD	ESPIRITUAL	FINANZAS	RELACIONES

Esta Semana

TAREA	D	L	K	M	J	V	S
_____	○	○	○	⬤	○	○	○
_____	○	○	○	○	○	○	○
_____	○	○	○	○	○	○	○
_____	○	○	○	○	○	○	○
_____	○	○	○	○	○	○	○
_____	○	○	○	○	○	○	○
_____	○	○	○	○	○	○	○
_____	○	○	○	○	○	○	○
_____	○	○	○	○	○	○	○
_____	○	○	○	○	○	○	○
_____	○	○	○	○	○	○	○
_____	○	○	○	○	○	○	○

NOTAS

Mis Planes y Visualizaciones

_____
_____
_____
_____
_____
_____
_____
_____
_____

_____
_____
_____
_____
_____
_____
_____
_____
_____

Hoy es un día maravilloso

FECHA:

YO APRECIO :

- ⋅
- ⋅
- ⋅
- ⋅
- ⋅

TAREAS HOY:

☐
☐
☐
☐
☐
☐

! URGENTE !

ESTA SEMANA VOY A:

leer ☐
meditar ☐
beber agua ☐
comer vegetales ☐
comer frutas ☐
beber jugo Verde ☐
tomar suplementos ☐
hacer ejercicios ☐
aprender ☐

METAS PLAN

SALUD	ESPIRITUAL	FINANZAS	RELACIONES

Ayer

¿Como fue mi día ayer? ¿Puedo observar algún momento de pensamiento, palabras o acciones negativas?

Sí ☐   No ☐

Haré una Rueda de Enfoque y me sentiré mejor.
¡Un día a la VEZ!

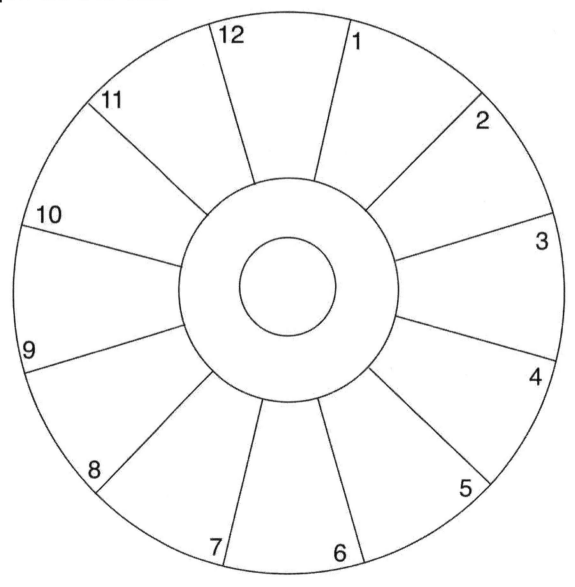

Mis Planes y Visualizaciones

Reviso Mis Metas

META

-
-
-
-

SIGNIFICADO PARA MI

PUNTOS DE ACCIÓN Y ESTRATEGIAS

! URGENCIA !

- ☐ 1 día
- ☐ 1 semana
- ☐ 1 mes
- ☐ 1 año
- ☐ otro

PERSONAS CON LAS QUE PUEDO CONTAR:

RECURSOS NECESARIOS

RETOS:

RECOMPENSAS:

Meta Completada   Fecha:_____

¿QUÉ FUNCIONO? & ¿POR QUÉ?:

SI NO FUE COMPLETADA,
¿QUÉ PUEDO HACER DIFERENTE?

¿Continuaras caminando hacia esta meta?
SI   NO

PENSAMIENTO:

¿Cuál es el Hábito?

DESCRIBE CUAL ES EL HÁBITO QUE DESEAS TRABAJAR:

ESTE HÁBITO ES: POSITIVO NEGATIVO

¿QUÉ PROVOCA O MOTIVA EL HÁBITO?

¿CÓMO SE PODRÁ RECOMPENSAR... LOGRAR EL BUEN HÁBITO O ROMPER EL MAL HÁBITO?

DOCUMENTA EL PROGRESO:

¿Funcionó el plan?

SI, PORQUE:	NO, PORQUE:

!Continua NO te detengas!

DESCRIBE TU PLAN PARA EL ÉXITO FUTURO:

Evalúa

@ ¿QUÉ HACES PARA MANTENERTE MOTIVADA A SEGUIR TU PLAN?

@ ¿CUÁLES FUERON LOS PLANES QUE MEJOR FUNCIONARON?

@ ¿QUÉ COSAS NUEVAS APRENDISTE SOBRE TI?

@ ¿COMPARTISTE TUS METAS CON OTROS? ¿ESO TE AYUDÓ A SER RESPONSABLE?

@ LOS CONTRATIEMPOS SON PARTE DE LA VIDA. ¿QUÉ APRENDISTE DE TUS CONTRATIEMPOS?

Siempre siente orgullo de tus logros por pequeños que sean:

○ _____   ○ _____   ○ _____

○ _____   ○ _____   ○ _____

○ _____   ○ _____   ○ _____

Pensamientos

ESCRIBE LO QUE FUNCIONÓ,
LO QUE NO FUNCIONÓ, ETC.

Reconocer

LAS COSAS BUENAS
3 COSAS QUE AMAS:

EN QUE ESTAS TRABAJANDO CON ENFOQUE:

ALGO QUE ESPERAS CON ANSIAS:

Algo que has hecho para tu MEJORAMIENTO PERSONAL:

3 PERSONAS CON LA QUE PUEDES CONTAR:

ALGO QUE APRENDISTE ESTA SEMANA:

ENUMERA LAS COSAS QUE APRECIAS:

-
-
-
-
-

ENUMERE PEQUEÑAS FORMAS EN LAS QUE PUEDES COMPARTIR TU GRATITUD:

-

YOURBEST U
IMPROVING & EMPOWERING LIVES

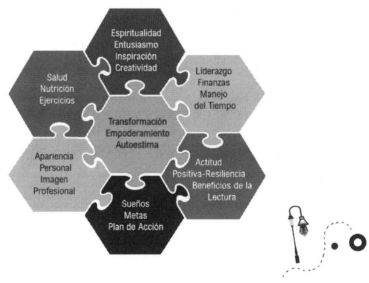